アブダクション

仮説と発見の論理

新装版

Abduction

米盛裕二［著］

勁草書房

まえがき

拙著『パースの記号学』の出版（勁草書房、一九八一年五月）から今年で二十六年が経ちました。幸い、この本は初版が三ヵ月で売り切れて、同じ年の十月に二刷目が、翌年には三刷が出るというふうに版を重ね、昨年十刷目が出まして、いまなおこの本を読んで下さる読者がおられるようです。この本の出版後、思わぬところから、私とは専門分野がまったく違う人工知能の研究者、コンピュータ・サイエンティストたちの諸学会や研究機関（日本情報処理学会、日本ファジー学会、日本人工知能学会、日本創造学会、富士通国際情報社会科学研究所、国際ファジー工学研究所、社会経済生産性本部、日本IBMなど）から講演やシンポジウムへの参加依頼があり、はじめは戸惑いを感じながら、そしていまなおコンピュータ・サイエンティストたちが私に何を求めているのか十分には理解できぬまま、お付き合いをしています。しかし私のほうは、コンピュータ・サイエンティストたちから多々学びました。いま述べた諸学会、研究会で行った私の講演やシンポジウムのテーマは記号論的認識理論、推論の理論（とくにアブダクションの理論）、哲学とファジィネス、創造性の問題、言語理解の問題、常識知の問題など、多岐にわたるものでした。これらの問題は私がとくに関心をもっているものですが、いま述べた諸学会や研究会でのディスカッションをとおして、私はこれらの問題についてさらに関心と理解を深めることができ、むしろ私のほうがコンピュータ・サイエンティストたちから学ぶものが多かったと思います。それらの諸学会や研究会に私を招いて、コンピュータ・サイエンティストたちと交わる機会を与えて下さった方々に厚くお礼を申し上げます。

コンピュータ・サイエンティストたちの諸学会や研究会で私が行った講演について詳しく述べると長くなりますので、いくつかの要点をごく簡単にあげると、つぎのような内容のものです。(1)記号とは何らかの意味をいい表わすあらゆる表現体を意味し、外界の対象はすべてその対象を認識する者に対してつねに何らかの表意体あるいは記号として現われると考えるのが、拙著『パースの記号学』の基本的な考え方です。ある人工知能の研究者もいうように、つまり「外界の対象は、われわれの経験においては、記号としてのみ認識される」（コラーズ、スマイズ）ということです。いいかえると、人間の認識思考は本質的に記号過程であり、あるいは記号処理過程である、ということです。そういう記号の考え方（記号論的観点）に立ちますと、伝統的な哲学の認識論（epistemology）とは違う、新たな認識または認知の理論というものを構想することができるのではないかと考えられます。(2)人間の認識思考は記号過程であるとしますと、記号過程というのは複雑多様な意味の世界を把握し認識することですから、したがってわれわれの認識思考のすぐれた特性は曖昧なもの、ファジィーなもの、不明瞭な意味を理解し、あるいは複雑で不確実な状況について思考しその状況に応じた適切な行動をすることができる、というところにあるといえるでしょう。記号の曖昧性に関して、パースも、記号（言語記号も含めて）はその広さ（外延）と深さ（内包）の程度に差はあれ、すべて「一般的なもの」をいい表わすもので、つまり記号の意味は「一般性（generality）」の特性を有するものであり、そして一般性はその程度に違いはあれ、基本的に曖昧（vague）であるから、したがって記号は本質的に曖昧である、と論じています（J. Buchler, *Charles Peirce's Empiricism*, p.25)。

たとえば日常言語について考えてみましょう。言語についてのデカルトの考え方を批判した拙論「反デカルト主義的論考」のなかで、私はつぎのように述べています（付章、二二〇頁)。「デカルトの二元論が精神と物体の完全な分離独立を説くのは、精神をあらゆる物体的身体的作用から引き離し、精神をいっさいの物質的なものから純化して、純粋な精神の明証的な理性的認識を達成するためである。しかし日常言語には、この二元論の理念と要請とは全く相容れない、もう一つの重要な特性がある。それはすなわち、日常言語の意味や観念は本質的に曖昧で不確実なものである、ということである。言葉の曖昧性や不確実性は一般には言葉の欠陥としてのみ考えられがちであるが、しかしそれは言葉に対する偏見であり、間違った見方である。確かに、言葉の使い方によっては、あるいは言葉が使われる文脈や状況によっては、言葉の曖昧さが欠陥となり、大いに障害となる場合は多い。しかしわれわれの日常言語についてちょっと考えてみればわかるように、日常言語の理解と使用には、まさに曖昧さ（一般性、多義性、比喩、日常的生活世界の際限のない文脈における意味の転調など）を認識しうる能力、日常的生における複雑多様な、不確実な状況に応じた、いわば曖昧認識・曖昧思考を行いうる能力こそ、不可欠であり、本質的なものである」。ちなみに、世界と人間のファジィネスを誰よりよく知っているはずの哲学者たちがファジィネスの本質を問おうとせず、逆に確実性と明証性を理念とし探究してきたのに対し、一方、精密科学者であるコンピュータ・サイエンティストたちには世界と人間のファジィネスがよくみえて、ファジィネスの本質を追求している、というのは甚だ対照的で、興味深いものです。

(3)思考・推論の論理について考えますと、われわれは日常、あるいは科学的探究においても、演繹的にのみ思考しているのではないし、まして厳密な記号論理の方法と体系にしたがって推論を行っているのではないということはいうまでもありません。現実の人間の思考においてはむしろ、M・ヘッセがいうように、「前提から結論にいたる合理的なステップは通常は非-論証的(non-demonstrative)で、つまり帰納的、仮説的、類推的思惟によって行われる」のです。現代の論理学は論理の数学化によって大きな発展を遂げ、それはまさに二十世紀の知的革命の一つといえるでしょう。しかし論理学者たちの関心はもっぱら論理の数学化にのみ向けられてきたために、論理学はますます現実の人間の思考の論理から離れてしまって、それとはまったく関係のないものになってしまいました。はたしてこれでよいのかというのが私のずっと以前からの疑念です。(4)人間が行う推論には「厳密な推論(rigorous inference)」と「厳密でない推論(non-rigorous inference)」がありますが、従来論理学者たちはもっぱら「厳密な推論」のみを論理的な推論とみなし、「厳密でない推論」(不確実な結論に導く推論)は切り捨ててきました。しかし人工知能の研究者たちは「厳密な推論」だけでなく、「厳密でない推論」も重視していて、とりわけ人間の創造的思考に関心をもつ人工知能論者たちはむしろ「厳密でない推論」に人間の推論の特質を見出そうとしているようです。そして同じような考え方を私もずっと以前からもっていまして、そういう観点から私が注目したのがパースの演繹・帰納・アブダクションの三分法の推論の概念であり、とりわけ創造的思考、科学的発見において重要な役割を果たすと考えられるアブダクションです。

本書『アブダクション――仮説と発見の論理』は、アメリカの論理学者・科学哲学者チャールズ・パース(Charles Sanders Peirce, 一八三九〜一九一四)が提唱している「アブダクション(abduction)」または「リトロダクション(retroduction)」と呼ばれる新たな推論の概念に関する研究です。本書を書くにあたって、私はこんどはアブダクションに注意を集中し、もういちど『チャールズ・S・パース論文集』(*Collected Papers of Charles Sanders Peirce*, 全八巻。以下、『論文集』)を最初から読み直さなくてはなりませんでした。パースは演繹の論理学の形式的体系化において先駆的な仕事をし、現代の記号論理学の創設者の一人でもあり、かれはまた、帰納の論理学についても独創的な思想を多作していますす。そしてそのうえに、かれはアブダクションという第三の種類の推論の概念を提唱しているのです。こうしたパースの幅広い論理学的思想は、アリストテレスを除くと、これまでの哲学者や論理学者たちに例をみることはできないもので、かれらの思想とはまったく違うものであり、新たな論理学的研究の方向を示すものとして、注目に値すると考えています。

しかし本書はアブダクションに関するパースの論理学説・哲学説のたんなる解説ではありません。私がアブダクションの推論の理論に注目したのは前著『パースの記号学』を書いているころからですが、しかしアブダクションについて一冊の本にまとめたいと考えたのは、さきに述べた人工知能の研究者、コンピュータ・サイエンティストたちと交わって学んだことによるものです。そして本書の内容はもちろん私がコンピュータ・サイエンティストたちの諸学会や研究会で行った講演を踏まえています。そういうわけで、私はパースの著作にもとづきながら、しかし多分に私なりの解釈と考え方を入れて、パースの所説を大幅に敷衍して論じたいと考えました。そのために、逆にパースの思想を曖昧にしたり、パースの真意に反するすぎた解釈を行ったり、あるいは思わぬ誤解もあろうかと思います。せつに読者のご批判、ご教示を乞うしだいです。

なお本書の脚注では、パースの『論文集』からの引用は各引用文の末尾に巻数とパラグラフ・ナンバーを示してあります。たとえば第二巻の二〇八パラグラフは（CP:2.208）と記してあります。

本書への付章として二つの拙論を載せていただきました。「反デカルト主義的論考――言語の問題をめぐって」は岩波講座『現代思想』の第四巻『言語論的転回』(岩波書店、一九九三年)に収められているもので、言語についてのデカルトの考え方を中心にデカルト哲学を批判したものです。本書への転載をご許可下さった岩波書店に厚くお礼申し上げます。「常識知について」は、私の琉球大学退官を記念して編まれた『米盛裕二先生退官記念論集』に私自ら執筆し載せていただいたものです。それらの論考は直接にはアブダクションに論及してはいませんが、私にとってアブダクションについて考えるうえでその思想的背景になっているものです。

本書の執筆にあたって、私はとくにわが国の著名な科学史家・科学哲学者伊東俊太郎先生から多々学びました。伊東先生は私が拙著『パースの記号学』でアブダクションについて論ずる以前に、すでに「科学的発見の論理——創造の科学哲学的考察」というすぐれた論文を書いておられまして、そのなかでアブダクションに関するパースの思想の主要な論点をコンパクトに、とてもわかりやすく説いておられます。私は伊東先生の他のご著作からも学びましたが、とりわけいまあげた論文によって私はアブダクションに対する関心と理解を深め、拙著『アブダクション——仮説と発見の論理』を書くうえで大きな刺激を受けました。なお伊東先生は私の前著『パースの記号学』についてとても好意的な書評を書いて下さいました。ここであらためてお礼を申し上げたいと思います。

本書を執筆中、私は多くの方々の助力をえました。なかでも琉球大学在職中、私のかつての同僚であり、すぐれた哲学学徒でもある浜崎盛康先生とかつての教え子でもある久高将晃先生にもっともお世話になりました。お二人は私の原稿を丹念に読んで適切な批判とコメントをして下さったばかりでなく、私との頻繁なディスカッションにも心よく応じて下さいました。お二人の励ましとお力添えなしには本書の出版は実現しなかったと思います。言葉ではいい尽くせませんが、ここであらためて深い感謝の意を表します。

一九九七年に、私の琉球大学退官を記念して編まれた論文集（『米盛裕二先生退官記念論文集』）の主編者として大変な時間と労力をついやして下さった前沖縄国際大学学長波平勇夫先生と沖縄キリスト教学院大学の大城冝武先生に、ここであらためてお礼を申し上げます。なおこの記念論文集でご丁重に私の略歴と業績を紹介して下さった琉球大学法文学部人間科学科人間行動専攻課程哲学・倫理コースの主任西川宏昌先生、およびこの記念論集のために玉稿をお寄せ下さった小柳正弘先生をはじめ諸先生方にここで心から感謝の意を表したいと思います。

この本の出版を誰よりも喜んでくれるのは私の妻であろうと思います。一九六〇年に結婚して以来、子育てをしながら、深い愛情をもって私を励まし、献身的に私の学究生活を支えてくれた最愛の妻末子に深く感謝の意を表し、本書を捧げたいと思います。

最後になりましたが、本書の出版を快諾して下さった勁草書房、とくに私の原稿を丁寧に読んで、熱心にご助力下さった土井美智子様にお礼を申し上げます。

二〇〇七年五月

著　者

アブダクション　仮説と発見の論理

目次

目　次

第一章　アブダクションと探究の論理学

科学的論理的思考の方法または様式として、一般に、演繹（deduction）と帰納（induction）の二種類があげられます。しかしアメリカの論理学者・科学哲学者チャールズ・パース（Charles S. Peirce, 一八三九〜一九一四）は科学的論理的思考には演繹と帰納のほかに、かれが「アブダクション」（abduction）または「リトロダクション」（retroduction）と呼ぶ、もう一つの顕著な思考の方法または様式が存在し、そしてとくに科学的発見・創造的思考においてはそのアブダクション（またはリトロダクション）がもっとも重要な役割を果たす、と唱えています。アブダクションとは仮説を形成する思考の方法を意味し、パースはしばしばアブダクションをたんに「仮説」（hypothesis）とも呼んでいます。アブダクションの訳語として「仮説形成法」、「仮説的推論」、あるいは「発想法」などの言葉が使われることもありますが、しかし最近わが国でも「アブダクション」という呼び方がそのまま一般にも使われていて、この言葉が定着しつつあるようです。

パースが唱えているアブダクションという新たな思考の論理は、科学における発見や発明がどのように行われるのか、創造的思考とはどんな思考か、ということについて考えてみたいわれわれにとってきわめて刺激的で示唆に富むものです。われわれは本書において、アブダクションとはどんな思考の方法か、アブダクションは科学的発見においてあるいは日常の創造的思考においてどのような役割を果たし、どんな働きをするのか、ということについて論じ、パースのアブダクションの論理に学びつつ、科学的発見・創造的思考の論理について考えてみたいと思います。

1　三つの推論と論理学

科学的論理的思考といういい方にかえて、論理学の用語である「推論」(inference) を用いることにします。演繹、帰納、アブダクション（リトロダクション）というのは、つまり科学的論理的思考を形成している主要な三種類の推論であるということです。推論は前提と結論から成りますが、前提とは推論の論拠となるあらかじめ与えられてある知識や情報やデータのことであり、結論とはそれらの与えられた知識や情報やデータを論拠にして下される判断のことです。推論とはつまり、いくつかの前提（既知のもの）から、それらの前提を根拠にしてある結論（未知のもの）を導き出す、論理的に統制された思考過程のことをいいます。そして推論は、前提から結論を導き出す際の、その導出の形式や規則とか、推論の前提がその結論を根拠づける論証力（必然的か蓋然的か）の違いなどによって、いくつかの種類に分類されます。一般には、推論は演繹と帰納の二種類にわけられ、そして科学的思考の方法はこの二種類の推論の方法から成り立っている、と考えられています。

　しかし論理学では、この二種類の推論のなかでも、とくに演繹的推論が重視されます。演繹的推論は明確な形式的構造を有し、推論の内容を考慮に入れずに、推論の形式（前提と結論の間に成り立つ論理的形式）のみによって真なる前提から必然的に真なる結論が導かれるというすぐれた特性があり、また演繹的推論はそれが妥当か否かを容易に確かめることができるという利点があって、論理学者たちの関心は主に演繹的推論の形式的研究に向けられてきました。そして論理学者たちは演繹的推論を本来の意味の「論理的」推論と考えています（実際、論理学者たちは「論理的」、「論理学」という言葉を「演繹的」、「演繹論理学」と同義のものとして用いています）。演繹が経験から独立に成り立つ形式的必然的推論であるのに対し、一方、帰納は経験にもとづく蓋然的推論です。つまり帰納は限られた経験にもとづいて一般的言明を行う推論であり、その一般化推論（部分から全体へ、特殊から普遍への一般化推論）によって、帰納は経験的知識の拡張をもたらしますが、しかしそのかわり、経験的反証にさらされていますので、蓋然的推論にとどまらざるをえません。ですから、（ある『哲学辞典』によると）帰納は「必ずしも論理的とはかぎらない推理」であり、「前提から論理的に誘導されるわけではないが、前提に対してなんらかの確からしさをもつと考えられる主張を前提から結論として引き出す操作」ということになります（傍点は引用者による)。そして帰納的推論が論理学の研究対象となるのは、その確からしさが「確率論によって正当化されている場合」に限られます。(1) 帰納は経験的知識を拡張するために用いられる推論であり、実際の科学的方法においては重要な役割を果たしているにもかかわらず、しかし論理学では蓋然的な帰納的推論は「論理的」推論とはみなされず、論理学本来の主題とは考えられていません。

このように論理学では推論の形式と論証力(必然的か蓋然的か)を重視しますので、したがって形式的で必然性の論証力を有する演繹的推論が本来の正当な意味における論理的推論とみなされ、推論の概念を厳密に演繹的推論に限定して考えようとする強い傾向がみられます。しかしわれわれがこれから考察するパースの推論の概念および論理学の考え方は、いま述べた一般の論理学の考え方とは基本的に違います。推論の概念を形式的に狭く考えようとする論理学者たちとは反対に、冒頭に述べましたように、パースはむしろ推論の概念を拡張して、科学には演繹と帰納のほかに、アブダクション(またはリトロダクション)というもう一つの種類の推論(あらかじめ述べておきますと、アブダクションはすぐれた発見的機能を有するが、しかし可謬性の高い推論であり、帰納よりも論証力の弱い種類の蓋然的推論です)が存在する、と唱えていまして、伝統的な演繹と帰納の二分法に対して、新たな演繹・帰納・アブダクション(リトロダクション)の三分法の推論の概念を提唱しています。パースは「科学には基本的に違う三種類の推論がある。演繹(アリストテレスがシュナゴーゲまたはアナゴーゲと呼んでいるもの)、帰納(アリストテレスとプラトンのエパゴーゲ)、そしてリトロダクション(アリストテレスのアパゴーゲ……)である」(CP:1.65)といいます(パースは普通、アリストテレスの「アパゴーゲ〈apagoge〉」を「アブダクション〈abduction〉」と呼んでいます)。パースによると、論理学者たちがこの三分法の推論の概念に思いいたらず、アブダクション(リトロダクション)を推論として認めることができないのは、かれらが推論の概念をあまりに形式的に狭く考えすぎるからです。「たいていの論理学者たちはいつも推論の三分法(演繹・帰納・リトロダクション)を認めるところまで非常に近づいていた。かれらがこの三分法を認めるにいたらなかったのは、ただ、かれらが推論の概念をあまりに形式的に狭く考えすぎた(推論を前提から必然的に出てくる判断に達することとして考えた)からであり、そのために、かれらは〈仮説〉(あるいは、わたくしはいまではそれをリトロダクションと呼ぶ)を推論として認めえなかったのである」(CP:8.228)。

しかしこのパースの三分法の推論の概念は、たんに推論の概念を拡張して、演繹と帰納の二種類の推論に、アブダクションというもう一つの種類の推論をくわえている、というだけのものではありません。パースはアブダクションという新たな第三の種類の推論の概念を確立することによって、演繹の論理学や帰納の論理学とは違う、アブダクションを主題にした新しい論理学というものを考えているのです。かれはその新しい論理学を「探究の論理学」(the logic of inquiry)、あるいは「アブダクションの論理学」(the logic of abduction)と呼んでいます。パースの「探究の論理学」(アブダクションの論理学)は歴史的に演繹の論理学、帰納の論理学に続いて登場した新しいもう一つの論理学ということができるでしょう。古代ギリシアの哲学者アリストテレスが演繹の論理学（三段論法学）を創設し、イギリスの哲学者F・ベーコンとJ・S・ミルらによって帰納の論理学が確立され、そしてパースが新たにアブダクションという第三の種類の推論をくわえて、それを主題にした「探究の論理学」を創設している、ということができます。そこでわれわれはまず、そのパースの「探究の論理学」（アブダクションの論理学）とはどんな論理学かをみておきたいと思います。

2　パースの「探究の論理学」

A・W・バークスは、アブダクションを主題にしたパースの「探究の論理学」（the logic of inquiry）に対して、演繹を重視する一般の論理学を「論証の論理学」（the logic of argument）と称し、この二つの論理学を対比しつつ、つぎのように述べています。「探究の論理学は、諸問題を解決したり、いろいろな問いに答えたり、そして重要な成果を上げるのに役立つような諸規則を研究する、つまりそれらの諸規則を応用性、単純性、有効性の観点から評定するのである。チャールズ・S・パースはこれを〈アブダクションの論理学〉（the logic of abduction）と呼んでいる。それはまた、〈発見法的論理学〉（heuristic logic）とか、〈発見の論理学〉（the logic of discovery）とも呼ばれてきた。論証の論理学は、前提から結論を導き出したり、実証的事実を仮説や理論に関連づけるための諸規則をとり扱う、つまりそれらの諸規則は妥当か妥当でないか、正しいか正しくないか、信頼できるか信頼できないかを判断するのである。類比的にいうと、探究の論理学は思惟の動力学（the dynamics of reasoning）にかかわり、論証の論理学は思惟の静力学（the statics of reasoning）にかかわる[2]」。

この引用文では「推論（inference）」という言葉は使われていませんが、しかしこうした「動的な探究」の論理学と「静的な論証」の論理学の相違から、それらの論理学における推論の概念は基本的に異なるものであることは容易に想像できます。探究という科学的行為は、諸問題を解決したり、いろいろな疑問に答えたり、そして発見を行い、新しい知識を獲得する、そういう重要な成果を上げるために、つまり知識を拡張するために行われます。ですから探究の論理学では、そのように科学的探究において重要な成果をあげ、知識を拡張するのに役立つ推論がもっとも重視されます。いいかえると、探究の論理学では推論の形式的妥当性とか論理的必然性という特性よりも、新しい諸観念を生み出し知識の拡張をもたらす推論の「拡張的」（発見的）機能が重視されるのです。そしてパースによると、かれが新たな種類の推論としてあげるアブダクションこそ、もっともすぐれた「拡張的」（発見的）機能を有する推論です。すなわち、「アブダクションは説明仮説を形成する方法（process）であり、これこそ、新しい諸観念を導入する唯一の論理的操作である……」（CP:5.171）。「それ（帰納）はなんら新しい観念を生み出すことはできない。同様に演繹にもできない。科学の諸観念はすべてアブダクションによってもたらされるのである」

(CP:5.145)。このようにパースは、アブダクションこそ科学の諸観念や理論を生み出す唯一の論理的操作であり、もっともすぐれた科学的発見の方法である、と唱えています。探究という科学的行為は本質的に発見の行為です。ですから、探究の論理学は科学的発見においてもっとも重要な役割を果たすアブダクションを主題にするものでなくてはなりません。つまり探究の論理学は「アブダクションの論理学」であり、それはまた、「発見法的論理学」(heuristic logic)、あるいは「発見の論理学」(the logic of discovery)とも呼ぶことができます。なおパークスが、パースの探究の論理学について、それはいわば思惟の動力学(the dynamics of reasoning)にかかわる、と述べているのは、つまりそれはアブダクションという創造的発見的推論を中心にして、現実のダイナミックな科学的探究の過程とその論理をとり扱うものだからです。

しかしこれに対し、論証の論理学は推論の形式を実際の探究の過程または文脈から切り離して、もっぱら推論の形式的構造をもとにして、推論の妥当性について研究します。つまり論証の論理学は前提から結論を導き出す際の、その導出の形式または規則が論理的に妥当か妥当でないか、正しいか正しくないか、ということを考察します。そして推論が論理的に妥当か妥当でないか、正しいか正しくないか、ということは、推論の形式(前提と結論の間の論理的関係)のみに依拠しており、推論の内容(前提や結論の真偽)とは無関係です。しかし推論の正・不正が前提と結論の間に成り立つ論理的形式のみによって厳密に決定できるのは演繹的推論の場合に限られます(帰納とアブダクションは経験的実質的内容にかかわる推論であり、それらの推論の正・不正はそれらの推論の形式のみによって決定することはできません)。こうして論証の論理学は厳密に形式化可能な演繹的推論を偏重し、論証の論理学者たちの関心はもっぱら演繹の論理の形式的研究に向けられるようになります。なおバークスが、論証の論理学について、それはいわば思惟の静力学（the statics of reasoning）にかかわる、と述べているのは、つまり論証の論理学は推論の形式的構造を現実の探究行為・思考過程の文脈から抽象して、その静的な形式的構造をとり扱うものだからです。

このように対比してみますと、探究の論理学と論証の論理学の考え方は基本的に違うものであり、それぞれまったく異なる観点から推論の論理について考えている、ということがわかります。パースの探究の論理学は、科学的探究において新しい諸観念を発見し知識の拡張をもたらす推論の「拡張的」機能を重視し、その観点から——つまり「拡張的」か否か、どんな「拡張的」機能をもっているか、という観点から——推論を分析し評定します。そしてパースはかれの唱えるアブダクションこそ、もっともすぐれた「拡張的」機能を有するとくに重要な推論と考えており、ですからかれの探究の論理学はそのアブダクションを主題にするものでなくてはならない、ということはすでに述べた通りです。ところで「拡張的」機能においてすぐれた推論ほど、逆に、可謬性の高い、論証力の弱い推論になります。つまりアブダクションは「拡張的」機能においてはもっともすぐれていますが、しかしそのかわり、もっとも可謬性が高く論証力の弱い種類の推論なのです。このパースの推論の概念は、一般の論証の論理学が推論の形式と論証力を重視し、その観点から形式的で必然性の論証力を有する演繹的推論をもっとも重要な論理的推論と考えるのとは対照的に違います。

「拡張的」機能を有する推論——パースはそれを「拡張的推論」(ampliative inference, ampliative reasoning) と呼びます——にはアブダクションのほかに、帰納が含まれます。しかし帰納とアダクションの「拡張的」機能には重要な違いがあり、そしてこの二種類の拡張的推論をはっきりと区別し、科学的探究においてそれらが果たす異なった「拡張的」機能を明確に示しているところに、パースの探究の論理学のもっとも重要な特色があります。詳しくはあとで述べますが、手短にいうと、アブダクションは科学的探究のいわゆる「発見の文脈」(the context of discovery) において仮説や理論を発案する推論であり、帰納はいわゆる「正当化の文脈」(the context of justification) において、アブダクションによって導入される仮説や理論を経験的事実に照らして実験的にテストする操作です。つまりアブダクションの「拡張的」機能は仮説や理論を発見することであり、帰納の「拡張的」機能は仮説や理論を検証するための実験を考えることなのです。こうして発見を行うアブダクションと検証を行う帰納とでは、明らかにアブダクションが帰納よりも「拡張的」機能においてすぐれている、といえるでしょう（このパースの考え方は、帰納法を科学的発見および正当化の方法と考えるいわゆる帰納主義の考え方とは非常に違うものであり、その違いについては第六・七・八章で論じます）。

アブダクションは拡張的機能においては帰納よりもすぐれていますが、しかしそのかわり、論証力においては帰納よりも弱い種類の推論です。すなわち、「帰納は、明らかに、仮説（アブダクション）よりもいっそう強力な種類の推論であり、そしてこのことが両者を区別する第一の理由である」（CP:2.642）。演繹、帰納、アブダクションの三種類の推論についていいますと、演繹は論証力においてもっともすぐれた推論ですが、しかし拡張的機能をもちません。アブダクションは論証力においては他の推論に比べて劣りますが、しかし拡張的機能においてはもっともすぐれた推論です。そして帰納は、論証力と拡張的機能の両面において、いわば演繹とアブダクションの中間にあります。探究の論理学ではそれらの推論の論証力よりも、それらの推論が科学的探究において果たす機能を重視しますが、しかし帰納とアブダクションの違いに関していえば、その論証力の違いはこの二種類の拡張的推論を区別する重要な理由の一つです。

アブダクションと帰納が「拡張的推論」であるのに対し、演繹は「分析的（または解明的）推論」（analytic or explicative inference）と呼ばれます（パースが好んで用いる用語は「解明的」〈explicative〉ですが、それは〈analytic〉とほぼ同じ意味の言葉であり、ここでは一般的な用語である〈analytic〉を用いて、以下、「分析的推論」と呼ぶことにします）。このパースの推論の分類についてはつぎの第二章で検討することにして、ここではかれの探究の論理学において分析的推論がどんな位置を占めているかということについて簡単に述べておきたいと思います。分析的推論というのは前提の内容を分析解明し（explicate）、その内容に暗々裏に含まれている情報を結論において明確に述べるという仕方で、前提から結論を導き出す推論のことをいいます。つまり分析的推論は前提のなかにすでに含まれている以上のことを結論として導き出すことはできないのです。拡張的推論は前提の内容を拡張するために用いられるのに対し、分析的推論には拡張的機能はなく、それは前提の内容を分析し解明するために用いられる推論です。そして科学的探究における分析的な演繹的推論の役割は、アブダクションによって提案される仮説や理論を前提にして、その仮説や理論の内容を分析解明し、その仮説や理論から実験観察可能などんな経験的諸帰結・予測が必然的にあるいは高い確率で導かれるかを示すことによって、その仮説や理論を実証的事実に関連づけることです。こうして分析的な演繹的推論は科学的探究において、仮説や理論を提案するアブダクションとその仮説や理論を実験的にテストし検証する帰納との間の、いわば仲介の役割を果たすのです。

こうしてパースの探究の論理学はアブダクションを主題にしながら、さらに現実の科学的探究の過程のなかに演繹、帰納、アブダクションの三種類の推論を位置づけて、生きた探究の過程においてそれらの諸種の推論がたがいにどのような関係にあって、それぞれどんな機能・役割を果し、あるいは果たさなくてはならないかを示しています。そしてこのように実際の探究の過程のなかで諸種の推論が果たす機能を分析することによって、パースは帰納の概念および帰納の正当化の問題についてもきわめて独創的な思想を確立しています。かれによると、帰納は経験を一般化する方法であるだけではなく、さきに述べましたように、科学的探究において帰納はアブダクションによって提案される仮説や理論を実験的にテストし検証する操作であり、それはつまり科学理論の正当化において重要な役割を果たします。しかしそれだけではありません。詳しくは第五章で述べますが、帰納は仮説や理論を実験的にテストし検証するとともに、さらに自らの実験的検証の手続きそのものに誤りがないかどうかを、いわば自己点検し自己監視する（self-monitoring）思惟でもあります。つまり帰納は自己規制的（self-regulative）、自己修正的（self-corrective）過程なのです。そして帰納は、このように仮説や理論の検証を行いつつ、さらに自らを規制し修正する思惟ですから、したがって帰納を長い期間にわたって使用し続けていけば、それは徐々に自らの誤りを改めつつ、長い期間のうちにはきっとあらゆる誤りを是正し、われわれを究極的な真理の方向へ正しく導いてくれる、とパースは考えます。そしてかれによると、帰納がこのように自己修正的自己規制的な思惟であるということが帰納は正しい方法であるということを保証するのであり、つまりそれが帰納の正当性にほかならないのです。

3　論理学とは何か

さてわれわれは以上で、パースの探究の論理学とはどんな論理学かを概要的にみてきました。われわれは一般の論証の論理学とパースの探究の論理学を対比しつつ、推論の概念および論理学そのものについてまったく違う考え方があることをみてきました。しかしわれわれがいいたいのは、そのどちらが正しい論理学かということではありません。われわれはむしろ、このように違う推論の概念があってよいし、演繹の論理学のほかにも、帰納や類推や仮説（アブダクション）の論理学など、いろいろな論理学があって然るべきではないかと考えているのです。ちなみに、探究の論理学を唱えているパース自身、演繹的形式論理の分野でも多くのすぐれた先駆的な仕事をしており、現代の記号論理学（または数学的論理学）の発展に大きく貢献していることは周知のとおりです。「かれの時代におけるもっとも偉大な形式論理学者」ともいわれるパースは、しかし他方では、論理学者たちが推論の概念をあまりに形式的に狭く考えすぎることを批判し、推論の概念を拡張して、新たな演繹・帰納・アブダクションの三分法の推論の概念を確立し、探究の論理学を創設しているのです。

では、その探究の論理学（アブダクションの論理学）も含めて、パースにとってそもそも論理学とは何だったのでしょうか。現代の記号論理学（または数学的論理学）の大きな影響力のもとで論理学を学んできたわれわれにとって、ここで改めて論理学とは何かを問うてみることは意義のあることであろうと思いますし、とくにパースの探究の論理学を理解するうえで、かれが論理学というものについてどのように考えていたかを知ることは非常に重要です。

現代論理学では論理学と数学が密接にかかわり合っていて、そのために論理学と数学の区別が曖昧になり、両者の混同が見受けられます。論理学が数学化されてからは、論理学とは何かという問いはもっぱら数学との関連において考えられるようになり、つまり論理学と数学の間の境界線をどこに引くか、という点をめぐって論議されるようになっています。ある論者はこう述べています。「論理学とは、ここでは現代論理学の常識に従い、命題論理と第一階の述語論理を中核とし、集合論や自然数論などを通じて数学全体へと連続する演繹体系を指すものと考える。数学全体を論理に含めるか、また、集合論あたりで打切るかという点に関しては議論が分れる」[3]。こうして現代論理学では論理学は数学全体へと連続した演繹体系とみなされ、したがって論理学と数学の間には本質的な違いはなく、その違いは両者の間の境界設定の問題と考えられています。論理学と数学はどう違うのか、あるいはどういう関係にあるのかということは、自ら論理学の数学化において重要な役割を果たしたパースにとってももちろん大いに関心のある問題でした。

しかしこの問題について、パースの考えはいま引用した「現代論理学の常識」とは明確に違います。かれにとって、論理学と数学の違いはたんに両者の間の境界線をどこに引くかという問題ではなく、そもそも論理学と数学の仕事は基本的に違うものなのです。その違いは、数学は推論を用いる、つまり数学の仕事は推論を実施すること（the practice of reasoning）であり、これに対し、論理学は推論について研究する、つまり推論の理論（the theory of reasoning）である、ということです。数学においてたとえば定理を証明したり、方程式の解を求めたり、計算を行う場合、必然的な演繹的推論を用いて行われます。つまり数学の仕事は必然的な演繹的推論を実施することです。しかし論理学は、数学との関連でいうと、数学的思惟をいわば範例にして、必然的な演繹的推論の理論について研究します。数学には数学が用いる特有の推論（必然的な演繹的推論）がありますが、しかし論理学には論理学が用いる特有の推論というものはありません。パースは、論理学の仕事は「推論を分析し推論の理論を研究することであって、推論を実施することではない」(CP:4.134) といいます。このようにパースは推論を実施する数学と推論について研究する論理学を明確に区別しています。そういうふうに考えますと、演繹的推論の形式的研究は論理学の仕事ですが、しかし論理学の純粋な数学化、数学的論理学の体系化は数学の仕事に属する、ということになります。

形式論理について、パースはこう述べています。「形式論理はあまりに純粋に形式的になりすぎてはならない、さもないと、それは心理学の事実を表わすものでなくてはならない、さもないと、それは数学的レクリエーションに堕してしまう恐れがある」(CP:2.710)。ここでパースが形式論理は「心理学の事実を表わすものでなくてはならない」といっているのは、いいかえると、形式論理に対応する現実の人間の論理的思考または推論の過程が存在するということであり、つまり形式論理の研究は現実の人間が行う論理的思考・推論の理論の研究であるということです。しかし論理学と心理学――推論の理論に関する論理学的研究と心理学的研究――を混同してはなりません。このパースの所見は、論理学を心理学によって基礎づけようとする、いわゆる心理主義の立場に立って、そのように主張しているのではありません。あとでみるように、かれは論理学において心理学を用いることを厳に禁じており、心理主義を排除することこそ、かれの論理学的研究の主要な課題の一つだったのです。心理学は人間の心理的諸作用を事実として研究する経験的事実科学であり、これに対し、論理学は論理的思考・推論が正しく行われるためにしたがわなくてはならない諸規則または規範を研究する規範科学なのです。いま引用したパースの所見が意味しているのは、つまり形式論理の研究は演繹的推論の理論の研究であり、したがって形式論理があまりに純粋に形式的になりすぎると、それはもはや推論の理論の研究ではなく、たんなる数学的レクリエーションに堕してしまう恐れがある、ということです。

しかし数学における必然的な演繹的推論の研究が推論の理論の研究のすべてではありません。論理学を推論の理論の研究と考えますと、論理学は数学において用いられるタイプの推論だけではなく、経験諸科学において用いられる推論についても研究することもできるでしょう。科学者たちはかれらの科学的な仕事において諸種の推論を用います。つまり科学者たちの仕事は諸種の推論を用いて科学的研究を行うことであり、推論を実施すること (the practice of reasoning) なのです。しかし論理学の仕事は、経験諸科学との関連でいえば、それらの科学が実施する推論について研究することです。そしてそのよい例がたとえばパースの探究の論理学です。こうして論理学は、推論の理論の研究として、数学や経験諸科学にかかわるのです。そしてそういう意味で、古来、論理学は諸科学の科学、諸科学のオルガノンと考えられてきました。

しかし論理学が数学化され数学的論理学になってからは、論理学はその本来の推論の理論の研究からまったく離反してしまいました。経験諸科学の方法に関する研究は「科学方法論」の名で呼ばれて、論理学から区別されるようになりました。論理学は数学と深くかかわりつつ、数学的に刷新され、数学的論理学として新たな発展を遂げましたが、しかしそのために論理学は逆に、人間の思考の方法や論理の研究からは遠ざかってしまったのです。論理学は純粋な命題計算の体系となって、それはもはや現実の人間の思考や推論をとり扱うのに適しないものであることは明らかです。実際、人間が探究を行う場合、かれは通常、演繹的にのみ思考しているのではないし、まして厳密に命題計算の方法にしたがって体系的に思考し推論を行っているのではありません。科学哲学者M・ヘッセは、コンピュータ・サイエンティストたちとのある共同研究のなかで、人間の思考と命題論理の関係について、こう述べています。「人間が問題を解決する場合、かれは通常、演繹的に思考しているのではなく、あるいは論理空間を隈なく探索するということを行っているのでもないことはずっと以前から明白なことであった。命題論理は前提をいちいち枚挙し、一義的な記号化を行い、そしてもっぱら演繹的結合のみに依拠しているが、こうしたことは人間の思考のよいシミュレーションにもなりえないし、またコンピュータの有効な利用の仕方でもない。現実の人間の思考においては、諸概念の意味は類比やモデルやメタファーなどによって絶えず修正され拡張されているのであり、前提から結論にいたる合理的ステップは通常は非-論証的(non-demonstrative)で、つまり帰納的、仮説的、類推的思惟によって行われているのである」(4)(傍点は引用者による)。

論理学が数学化されて推論の理論の研究から離反したのに対し、近年、コンピュータ・サイエンスの人工知能(artificial intelligence)の分野では、人間の思考や推論の人工知能化を目指して、新たな推論の理論の研究が行われています。人工知能の分野における推論の理論の研究はいわゆる認知科学的研究に属するもので、論理学そのものの再建を企図しているものではありませんが、しかし論理学は現実の人間の思考や推論の論理的性質について研究するものでなくてはならないと考えている点は参考になります。ここに研究の一例を紹介しておきましょう。推論の定義や分類の仕方はいろいろ考えられますが、ある人工知能の研究者は、たとえば、推論を「厳密な推論」(rigorous inference) と「厳密でない推論」(non-rigorous inference) に分ける分類の仕方を提案し、この分類のほうが人工知能の研究者たちの興味にもっともうまく合致する、といいます。[5]そして人工知能の分野でこのように新たな推論の概念と分類が提案されるのは、古典的形式論理が現実の人間の思考や推論をとり扱うのに適していないことがわかったからです。人間が行う思考や認知や行動——たとえば自然言語の理解とか、諸問題を解決するための思考とか、その他の知的活動——には、いろいろな種類の推論が含まれているのであり、それらの諸種の推論は古典的形式論理の体系では表現できないことは明らかです。人工知能の分野では、「したがって、他の分野(哲学、認識論、心理学など)で発展した考えを借用しつつ、〈推論〉の定義を拡張することが必要になった」[6]わけです。こうして、「厳密な推論」と「厳密でない推論」というわけ方では、論理学者たちから顧みられなかった諸種の「不確かな結論を導く推論」——帰納、類推、仮説、日常言語における比喩的思考や、語用論的推論など——も推論の理論の研究に含めてとり扱いうるようになる、というのです。

人工知能の分野で、このように現実の人間の思考や推論をとり扱いうるように推論の概念を拡張し、論理学では無視されてきた非形式的推論、「厳密でない推論」をむしろ現実の人間の推論の特質として重視し、新たな推論の理論の研究が行われていることに注目したいと思います。しかしパースの論理学の観点からみますと、いま引用した認知科学者の推論の理論の研究には注意しなくてはならない問題があります。それは、「他の分野（哲学、認識論、心理学など）で発展した考えを借用しつつ、〈推論〉の定義を拡張することが必要になった」と述べている点です。われわれはまえに、パースは論理学において心理学を用いることを厳に禁じている、と述べました。推論の定義を拡張することには、パースももちろん異論はありません。かれ自身が論理学者たちのあまりに形式的な狭い推論の概念に対し、推論の概念の拡張を唱えていることはすでにみてきたとおりです。しかしかれにとって推論の概念の拡張は論理学的要請によるものであり、認知や思考の心理学にもとづくものではありません。まえにも述べましたように、パースにとって論理学は規範科学（normative science）であり、それは経験的事実科学である心理学とは明確に区別されなくてはなりません。では、この点についてさらに考えてみましょう。

4　規範科学としての論理学

パースは「わたくしの諸原理は、わたくしが論理学において少しでも心理学を用いることを絶対的に禁ずる」（CP:5.157）といいます。このようにパースが論理学において心理学を用いることを厳しく禁じているのは、いま述べましたように、かれは論理学を規範科学と考えているからです。かれによると、規範科学には論理学のほかに、倫理学と美学が含まれますが、それらの規範科学はたがいに本質的にかかわり合っています。かれはいいます、「美学は理念の科学である。すなわち、それ以外のいかなる理由も考えずに、客観的に賛美に値するものを研究する科学である。（中略）倫理学——すなわち正邪に関する科学——は最高善（summum bonum）を決定するのに美学に訴えてその助力をえなくてはならない。それは自己統制的、あるいは熟慮的行為に関する科学である。論理学は自己統制的、あるいは熟慮的思惟に関する理論であり、よって論理学は、その第一原理を倫理学に求めなければならない」（CP:1.191、傍点は引用者による）。つまり論理的規範は倫理的規範に依拠し、倫理的規範はさらに美的規範に依拠するというふうに、それらの規範は本質的につながっていて、論理学はその基礎を倫理学に求め、そして倫理学は美学に訴えてその助力をえなくてはならない、というのです。

　このパースの規範科学の概念はかれの「諸科学の分類」（それはパース自身の哲学の体系を示すものでもあります）において述べられているものですが、いまはこの考えに立ち入る余裕はありません。要点をいいますと、つまり論理学は規範科学に属し、そしてそれは倫理学（ethics）の一分科を成すものであり、「よって論理学はその第一原理を倫理学に求めなければならない」、ということです。このパースの考えにしたがいますと、かれが論理学において心理学を用いることを禁ずる理由は明らかでしょう。その理由は、つまり規範科学としての論理学はその基礎原理をより上位の規範科学である論理学に求めるべきであり、経験的事実科学である心理学に求めることはできない、ということです。心理学はわれわれは実際にどのように思考するのか（how we do think）という事実の問題をとり扱いますが、しかし論理学はわれわれはいかに思考すべきか（how we ought to think）という規範の問題にかかわります（CP:2.52）。心理学は心理的経験的事実としての思考作用（正常な思考であれ異常な思考であれ、あるいは心理学者たちはむしろ異常な思考に関心があるかもしれません）について実証的に研究する経験科学（empirical science）です。心理学は人間の思考作用を因果的諸法則によって支配された生理学的作用としてとり扱います。しかし論理学がとり扱う思考はある目的（諸問題を解決したり、発見を行ったり、新しい知識を獲得するという目的）のために意識的に熟慮して行われる自己統制的な思考であり、つまり論理学は「自己統制的、熟慮的思惟に関する理論」なのです。

このパースの規範科学としての論理学の概念について、A・W・バークスはこう述べています。「パースは論理的思惟（reasoning）を分析し、そして論理的思惟はその本性において規範的であるという結論に達したあとで、かれの規範科学としての論理学の概念に到達したのである」[7]。すなわち、「論理的思惟はもちろん思考の一種である。つまりそれは規範や理念によって熟慮的に意識的に統制された、そういう種類の思考なのである。こうしてパースは論理的思惟を分析し、それが熟慮的で、自己統制された思考から成り立っていることを知ったのである（1.606,5.130）。それゆえ、かれは論理学を熟慮的思考の理論（1.573）と定義するのである」[8]。このようにパースは論理的思惟を分析した結果、論理的思惟は規範的特質を有するものであることがわかって、かれの規範科学としての論理学の概念にいたっているのです。論理的思惟が規範的であるというのは、つまりそれは自覚的な規範意識のもとに行われる行為であり、「良い」「悪い」とか、「正しい」「正しくない」とか、「妥当である」「妥当でない」というふうに評定し批判し統制しうる行為である、ということです。

そしてこのように考えますと、論理的思惟は倫理的行為の一種とみなすことができるでしょう（バークスがいいますように、プラグマティストのパースは思考を行為の一種と考えています）。つまり倫理学では、行為（倫理的行為、conduct）というのは倫理的な規範や理念の意識のもとに、みずからの意志によって自覚的に自己統制的に行われる行動のことをいいますが、同様に、論理的行為である思惟または推論も「規範や理念によって熟慮的に意識的に統制された、そういう種類の思考」を意味しており、それは倫理的行為の一種であるということができます。すなわち、「論理的思惟（reasoning）は自己統制のもとに行われる思考であり」、そして「論理的自己統制のあらゆる働きは……実際の倫理的自己統制の働きである」（CP:5.533）。

では探究の論理学はどうでしょうか。それは規範科学といえるでしょうか。バークスはこう述べています。「パースは科学的方法に多くの規範的特性を見出している。科学的方法の本質はもちろん観察（observation）である。しかしその観察は手当たり次第に行うことはできない。科学的観察はある目的、すなわちある仮説の験証または反証を目指して、熟慮的に、意識的に行われるのである。科学的観察はまた、道徳的特性をもっている。すなわち科学的観察は厳正でなくてはならない、偏ってはならない、ということである」[9]。科学的観察に限らず、ある明確な目的をもって熟慮的に意識的に遂行されるあらゆる科学的探究の方法は本質的に規範的特性を有するものである、とパースは考えています。したがってバークスがいうように、「こうしてパースの規範科学としての論理学の概念は、一つの観点からみると、すなわち論理学はもっとも広い意味における科学的方法に関する研究であるという考えになるのである」[10]。いいかえると、パースは論理学を規範科学として考えることによって、論理学は規範的特性を有するあらゆる科学的探究の方法に関する研究であり、すなわちもっとも広い意味における探究の論理学でなくてはならない、と考えるにいたっているのです。

　探究の論理学を研究するには、もちろん科学者たちの実際の活動やかれらが用いる方法を知らなくてはなりません。しかしながら探究の論理学は、たんに、科学的研究が実際にどのように行われているのか、科学者たちはかれらの仕事においてどんな方法を用い、どんな種類の推論をどのように用いているのか、という実際の科学的研究活動の事実を記述するだけのものではありません。いま述べましたように、探究の論理学は規範的観点に立って科学的探究の諸方法を研究するものでなくてはなりません。つまり科学的探究は真理の探究を目的とし理念としているのであり、したがって探究の論理学はその目的または理念を達成するためにわれわれはいかに探究を行うべきか、いかに思考し推論を行わなくてはならないか、ということについて——つまり探究の行為の規範的諸原理について——考える規範科学でなくてはならない、ということができます。

以上で論じたことを要約しますと、われわれはまず、パースが論理学において心理学を用いることを厳に禁じ、論理学を心理学によって基礎づけようとする、いわゆる心理主義の考えを排している、ということについて述べました。つまり心理学がとり扱う思考は心理的経験的事実としての思考作用であり、一方、論理学がとり扱う思考は意識的な自己統制のもとに行われる熟慮的な思惟または推論です。いいかえると、心理学が思考の心理的経験的諸事実を研究する経験的実証科学であるのに対し、論理学は自己統制的な論理的思惟の規範的諸原理を研究する規範科学であり（論理学の規範的諸原理は心理学の経験的諸事実または法則から導き出すことはできない、あるいは前者を後者に還元することはできないのであり）、したがって論理学はその基礎原理を心理学にではなく、より上位の規範科学である倫理学に求めなくてはならない（プラグマティストのパースにとって論理的思惟は自己統制的な倫理的行為の一種である）、というのです。それからわれわれはさらに、パースが科学的探究の諸方法は本来規範的特性を有するものであることを見出し、つまり科学的探究は真理の探究という目的または理念を達成するために行われる自己統制的な行為であるということに考え及ぶにいたって、したがって規範科学としての論理学はもっとも広い意味における科学的探究の方法を研究する、すなわち探究の論理学でなくてはならないという考えにいたっている、ということをみてきました。こうしてパースは論理学を規範科学として定義することによって、論理学的研究を科学的探究において用いられるあらゆる種類の自己統制的な思惟または推論の論理の研究へと拡大し、新たな探究の論理学を確立しているのです。

　そしてその探究の論理学の主題がアブダクションであり、パースはそれを「アブダクションの論理学」とも呼んでいる、ということについてはすでに述べたとおりです。したがって、もちろんアブダクションについても、パースは規範科学的観点に立って考えているということはいうまでもありません。規範科学的観点に立って考えているというのは、つまりパースはアブダクションを正当な論理的思惟（reasoning）として――いいかえると、意識的で熟慮的な自己統制のもとに用いられる推論の方法として――考えているということです。まえにも引用しましたように、パースは明確に「アブダクションは説明仮説を形成する方法（process）であり、これこそ、新しい諸観念を導入する唯一の論理的操作（logical operation）である」と述べています。つまりかれによると、アブダクティブな探究はある明確な目的をもって、すなわち正しい説明仮説の形成を目指して、熟慮的に行われるのであり、したがってそれは方法論的に批判し修正し統制しうる論理的操作です。

　探究の行為について、パースはこう述べています。「……十分に遂行されるあらゆるタイプの探究には自己修正と発展の活力がある。このことは探究の本質に奥深く浸透している特質であるから、真理を学ぶのに必要なことはただ一つしかなく、それは真理を学ぼうという心からの積極的な欲求である、とたしかにいえるであろう」（CP:5.582、傍点は引用者による）。われわれはまえに、「自己修正」（self-correction）という探究の特質について、それをとりわけ帰納的探究の特質として述べ、そして帰納は自己修正的であるということが帰納は正しい方法であるということを保証し、つまり帰納を正当化する、と述べました（詳しくは第五章で論じます）。たしかに、帰納は科学的仮説や理論を実験的にテストし、探究が成功したといえるかどうかを最終的にチェックする操作ですから、自己修正的特質はとくに帰納的探究において顕著である、ということができます。しかし、「真理を学ぼうという心からの積極的な欲求」をもって、熟慮的に「十分に遂行されるあらゆるタイプの探究」は自らの誤りを正しつつ、自己修正的に発展を遂げるものである、ということができるでしょう。そしてこの特質はもちろんアブダクティブな探究についてもいえます。つまりアブダクティブな探究も、正しい科学的仮説の形成を目指して十分意識的に熟慮して遂行されるなら、それは自己修正的（規範的）な行為であることは明らかでしょう。

　われわれは以下の諸章の論議において、規範科学としての論理学について、あるいは科学的探究の諸方法の規範的特性について、さらに繰り返し明示的に述べることはしませんが、しかし以上でみてきましたように、パースの広範多岐にわたる論理学的研究――そしてとりわけ新たな科学的探究の方法としてのアブダクションの提唱――は、基本的に規範科学的観点に立って行われているのであり、われわれはこのことをつねに念頭におかなくてはなりません。

（1）『哲学事典』（平凡社、昭和四十六年）、七七二頁。

（2）Arthur W. Burks, *Chance, Cause, Reason*, The University of Chicago Press 1963, p.16.

（3）坂本百大「言語、論理、計算機」、岩波講座『哲学X　論理』（岩波書店、一九六八年）、一五三頁。

（4）Marry Hesse, "Theories, Family Resemblances And Analogy," *Analogical Reasoning: Perspectives of Artificial Intelligence, Cognitive Science, and Philosophy*, David H. Helman (ed.), Kluwer Academic Publishers, 1988, pp.317～318.

（5）S・トーランス編、村上陽一郎監訳『AIと哲学――英仏共同コロキウム記録』（産業図書、昭和六十年）、一七五頁。

（6）同上、一七四頁。

（7）Arthur W. Burks, "Peirce's Conception of Logic as a Normative Science," *The Philosophical Review*, Vol.L11, No.2, Whole No.308, March, 1943, p.189.

（8）*Ibid.*, p.190.

（9）*Ibid.*, p.191.

（10）*Ibid.*

第二章　分析的推論と拡張的推論

まえの章で述べましたように、パースの探究の論理学では推論は分析的推論（analytic or explicative inference）と拡張的推論（ampliative inference）にわけられ、そして分析的推論には演繹が属し、拡張的推論には帰納とアブダクションが含まれます。この分類を図示すると、図1（次頁）のようになります。この章ではこのパースの推論の概念と分類について考えてみることにしましょう。

1　分析的推論とは

分析的推論というのは、前提と結論の関係が前提でいわれていることと結論で主張されていることの意味上の論理的関係のみによって成り立っている推論のことをいいます。いいかえると、

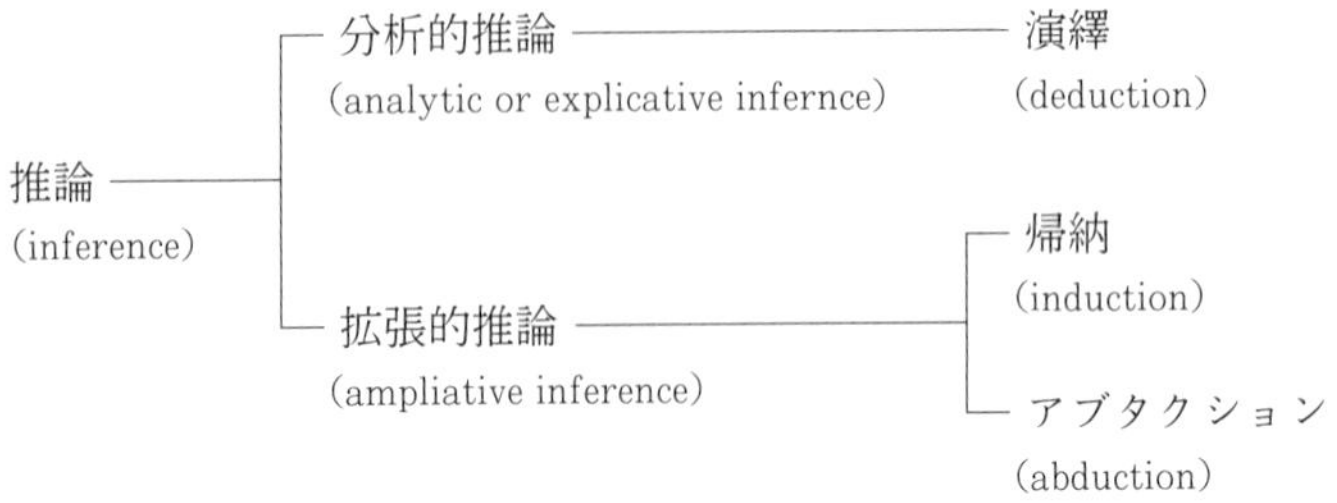

図1

分析的推論においては前提の内容のなかにすでに結論の内容が含意されていて、前提から結論を導き出す推論の過程は前提の内容を分析し、そのなかに暗々裏に含まれている情報を結論において明確に述べる、という仕方で行われます。分析的推論は経験的実在の世界の「事実の真理」の決定にはかかわらず、それはいわば推論の内部における前提と結論の論理的な含意関係の分析にのみかかわります。ですから、分析的推論の当否は経験的事実とは無関係であり、それはもっぱら前提と結論の含意関係が論理的に正しいか否かということにのみ依拠しています。演繹がそういう分析的推論にあてはまります。

たとえば、つぎの三段論法について考えてみましょう。

すべての惑星は太陽を愛する、
地球は惑星である、

ゆえに、地球は太陽を愛する。

これは妥当な演繹的推論の一例です。しかしこの推論は惑星や地球や太陽に関する天文学的事実について述べているものではなく、それはわれわれに天文学的知識を与えるものではありません。この推論が天文学的事実について述べているものであるとしたら、それはまったく無意味な言明です。この三段論法がいっていることは、その前提――「すべての惑星は太陽を愛する、そして地球は惑星である」――と、その結論――「地球は太陽を愛する」――との間に、それらの命題の意味上、その前提命題が真であればその結論命題も真でなければならないという必然性の論理的関係が成り立つ、ということです。いいかえると、「すべての惑星は太陽を愛する、そして地球は惑星である」（前提）とすると、すべての惑星には地球も含まれていますから、この前提には「地球は太陽を愛する」（結論）ということがすでに含意されているのであり、したがってこの場合、前提から結論を導き出す過程は前提のなかにすでに含意されていることを分析し、それを結論において明確に述べる、ということにほかなりません。つまり演繹は前提の含意内容を分析し解明するために用いられる分析的推論です。

演繹的科学の典型である数学から例をあげると、たとえばつぎの連立方程式の x と y の値を求める解き方を考えてみましょう。

$$2x+y-1=0$$
$$x+2y-5=0$$

$$\therefore\quad x = -1,\ y = 3$$

この連立方程式を解く過程も一種の推論とみなすことができます。つまりそれは演繹的推論の一種です。そしてこの連立方程式においても、その「解」（または「結論」といってもよい）は、その前提である二つの式——$2x + y - 1 = 0,\ x + 2y - 5 = 0$——にすでに含意されていて、その「解」は連立方程式を解く一定の純粋な形式的手続きによって導かれます。つまりこの連立方程式の「解」を求める演繹的推論は、いわば、前提である二つの式の内容（含意）を分析し、そのなかに含意されている x と y の値を導き出すために用いられているのです。

このように演繹的推論は前提の内容に暗々裏に含まれている情報を解明し、それを結論として導き出す分析的推論です。演繹的推論は前提の内容を分析し解明するために用いられる推論ですから、したがって演繹的推論においては結論は前提の内容以上のことは言明しない、つまり前提の内容を超えた知識の拡張はありません。しかしそのかわり、分析的な演繹的推論には真なる前提から必然的に真なる結論が導かれる、という重要な論理的特性があります。演繹の特性は「前提に提示されている諸事実は、想像しうるあらゆる状況において、その結論の真理を含まずには真となることはできないということ、したがってそれは必然的様相によって受け入れられるということ」にあります（CP:2.778）。そしてまえにも述べましたように、あるいはあとで改めて論じますように、分析的な演繹的推論は実際の科学的探究において、アブダクションによって提案される仮説や理論を真であると仮定して（それを前提にして）、その内容を分析解明し、その仮説や理論からどんな経験的諸帰結・予測が必然的にあるいは高い確率で導かれるかを示すことによって、その仮説や理論を実証的事実と関連づける、という重要な役割を果たします。

2　拡張的推論とは

演繹が分析的推論であるのに対し、帰納とアブダクションは拡張的推論になります。分析的推論と拡張的推論の違いについて概要的に述べますと、(1)分析的推論は推論の内部における前提と結論の論理的な含意関係の分析にのみかかわるのであり、外的な経験的事実の世界にはかかわりません。ですから、分析的推論は経験的事実による反証にさらされることがなく、いわば経験から独立に成り立つ推論です。しかし拡張的推論は経験にもとづく推論であり、経験的事実の世界に関する知識や情報を拡張するために用いられる推論なのです。(2)分析的推論は前提のなかに暗々裏に含まれている情報を解明し、それを結論において明確に述べるだけであり、したがって分析的推論では前提から結論にいたる過程において前提の内容を超える知識の拡張はありません。つまり分析的推論は前提の内容を解明するために用いられるのであり、前提の内容を拡張するための推論ではありません。これに対し、拡張的推論の場合は結論は前提の内容以上のことを主張する、つまり前提の内容を超えて、前提に含まれていない新しい知識や情報を与えます。

たとえば帰納的推論の拡張的機能について考えてみましょう。帰納的推論は、たとえばわれわれがこれまでみてきた限られた数の犬について、それらの犬は吠えるという性質をもっていることを知り、それをもとにして、だから「すべての犬は吠える」というふうに一般化し、一般命題を確立する推論です。その場合、われわれがこれまでみてきた限られた数の犬について、それらの犬は吠えるという性質をもっているという情報が前提であり、その前提にもとづいて、結論は「すべての犬は吠える」というふうに普遍的な言明を行っています。つまり帰納の結論は前提が与えている情報（われわれがこれまでみてきた限られた数の犬に関する情報）を超えて、われわれがみたことのない、あるいはみることのできないすべての犬（過去に存在し、現在存在している、そして未来に存在するであろうすべての犬）について、「すべての犬は吠える」ということを主張しています。いいかえると、帰納的推論はある部分に関する既知の情報からその部分が属するクラス全体について新たな情報を導き出しているのであり、過去の経験にもとづいて未知の未来の一般的事象に関する知識を与えているのです。つまり帰納的推論は部分から全体へ、特殊から普遍へと知識を拡張している、ということができます。

(3)分析的推論の場合は前提の内容のなかに結論が含意されていますから、したがって前提が真であれば結論も真でなくてはならないという必然性の関係が成り立ちます。しかし拡張的推論はその本性上、蓋然的な推論です。つまり拡張的推論の場合は、前提が真であっても結論は偽であるということがありうるのです。たとえば、よく知られた白鳥（swan）に関する帰納の例があります。旧大陸で観察された白鳥はすべて白かったということから、「すべての白鳥は白い」と思われていましたが、しかしオーストラリアで黒いスワン（白鳥）が発見されて、この帰納的一般化は否定されてしまいました。この例が示しているように、拡張的推論の場合は前提（これまで観察された白鳥は白かった）が真であっても、結論（すべての白鳥は白い）は偽になる、ということがありうるのです。

われわれはいま帰納の例をあげて拡張的推論の特性について述べましたが、しかし帰納とアブダクションの「拡張的」機能には重要な違いがあります。そしてわれわれがこれからの論議を通してとくに注目したいのはこの二種類の拡張的推論の違いについてです。アブダクションがどんな推論かを知るうえでも、その違いを明らかにすることが何よりも重要です。手短にいうと、帰納の拡張的機能は経験から一般化を行うことであり、アブダクションは科学的仮説や理論を発案し発見を行う拡張的推論です。では立ち入った考察に入るまえに、われわれはまず、通念では帰納が経験的事実の世界に関する知識を拡張するための唯一の科学的方法と考えられていますが、しかし帰納は科学的発見の方法ではなく、科学には帰納のほかに、アブダクションというもう一つの種類の拡張的推論が存在し、そしてそのアブダクションが科学的発見においてもっとも重要な役割を果たす、ということをみておきたいと思います。

3　仮説の発見

たとえばニュートンによる万有引力の法則の発見の場合を考えてみましょう。著名な科学哲学者H・ライヘンバッハは、「知識の本質は一般化（generalization）にある」、「さらに一般化は、まさに説明（explanation）というものの本質である」、あるいは「説明は一般化である」、「したがって発見の技術は正しい一般化の技術である」と述べて[1]、科学的探究は一般性の探究（the search for generality）であるということを強調しつつ、たとえば万有引力の法則の発見についてつぎのように述べています。「われわれは、諸物体は支えられていないときには落下するという事実を観察する。われわれはこの事実を、質量はたがいに引力を及ぼし合うという一般法則に組み入れることによって説明する。地球という巨大な質量は小さい質量をその表面に向かって引きつけるのである[2]」。つまり「質量はたがいに引力を及ぼし合うという一般法則」は、諸物体は支えられていないときには落下するという事実の観察から、一般化によって確立されたものである、というのです。

しかし、一般化は科学的知識や説明の本質であり、科学的発見は正しい一般化によって行われるという場合、その「一般化」とはどんな方法で形成されるのでしょうか。ライヘンバッハは科学的に正しい一般化や説明とはどういうものか、それに対して誤った一般化やニセの説明（pseudo explanation）とはどんなものか、ということについて、いろいろな例をあげて論じていますが、誤った一般化やニセの説明はさておき、正しい一般化や説明を形成するにもいろいろ違う方法があります。ライヘンバッハ自身があげている例でいいますと、たとえばある仕方で木を擦ると火を起こすことができるというのは、個々の経験から一般化によって導かれた知識であり、それはある仕方で木を擦ればつねに火が起こるであろうということを意味しています。それは帰納的一般化の例です。しかしこの場合の一般化と、諸物体は支えられていないときには落下するという観察事実から「質量はたがいに引力を及ぼし合うという一般法則」にいたる一般化とは、一般化の方法がまったく違います。ある仕方で木を擦ると火を起こすことができるということは、未来の経験においても同様の条件のもとで同じことを行えばいつでも同じ結果が起こるであろう、というふうに一般化して推論しているものです。それはつまり同種の、観察可能な事象における既知の事例から未知の事例への一般化です。ところが「引力」という働き（質量はたがいに引力を及ぼし合うという作用）は直接には観察不可能なものです。物体の落下の現象をいかに綿密に繰り返し観察してみても、われわれはそのなかに「引力」というものをみることはできません。万有引力の法則の発見は、われわれが直接観察した事実（諸物体は支えられていないときには落下するという事実）から、それらの事実とは違う種類の、しかも直接には観察不可能な「引力」という作用を想定する仮説的な思惟による発見です。こうした理論的対象の発見は観察データから直接的な帰納的一般化によって導かれるものではなく、それは諸物体の落下の現象を説明するために考え出された「仮説」による発見なのです。

まえに述べましたように、帰納は、たとえばわれわれがこれまでみてきた犬は吠えるという性質をもっているということを知り、それにもとづいてすべての犬は吠えるという性質をもっているというふうに一般化する思惟です。ですから、諸物体は支えられていないときには落下するという観察事実について帰納的一般化を行うとしたら、いえることは「これまでみてきた物体は支えられていないときには落下した、だから、すべての物体は支えられていないときには落下するであろう」ということでしょう。このような一般化は、なぜ諸物体は支えられていないときには落下するのか、ということについて説明を与えるものではありません。しかし「引力」という概念（質量はたがいに引力を及ぼし合うという仮説）は、なぜ諸物体は支えられていないときには落下するのか、ということについて合理的な理由または説明を与えることができます。

ライヘンバッハは帰納法（inductive method）を科学的発見の方法と考えています。かれは「帰納の諸方法は……つねに真正の科学的発見の方法であり続けるであろう」、「既知の事実から新しい理論にいたる帰納的関係が存在する……」(3)といっています。しかし以上でみてきましたように、万有引力の法則は観察事実から帰納的一般化によって導かれたものではなく、観察事実を説明するために創案され発明されたものです。諸物体の落下の現象をどれだけ周到に観察し一般化してみても、創造的想像力、仮説的思惟の働かないところでは、直接には観察不可能な「引力」という理論的仮説的対象というものを考えつくことはできないでしょう。アインシュタインの言葉を借りていいますと、「経験をいくら集めても理論は生まれない」[4]のです。

W・ニールはニュートンの運動の理論や万有引力の法則の発見は「仮説的方法」(hypothetical method) によるものであるといいます。その仮説的方法について、ニールはつぎのように述べています[5]。ニュートンの有名な「わたくしは仮説をつくらない (hypotheses non fingo)」という言葉は、仮説的方法に対して懐疑的な帰納主義者たちによって一種のスローガンとして用いられてきたが、しかしこの言葉はニュートンが実際に行ったことと一致しない、と。「仮説」という言葉は、ニュートンの時代には多分に「思弁的」というニュアンスがあって、おそらくニュートンはそういうニュアンスを嫌って、この言葉を使うことをためらったのでしょう。しかし実際には、ニュートンは大いに仮説的方法を用いていて、かれの物理学にはその仮説的方法によって形成された「超越的仮説」(transcendent hypothesis) が多々含まれています。とくに注目すべきことは、かれの運動の理論と万有引力の原理の確立です。ニュートン自身は、それらの理論や原理の確立は現象からの直接的帰納の方法によるものと考えていたようですが、しかし実際には、それは仮説的方法の顕著な成果なのです。重力の法則というものは、すべての物体はそれぞれの質量に比例する仕方でたがいに引き合うが、しかしその力は物体間の距離の二乗に反比例して変わる、というものです。これはまさに普遍的命題です。しかしそれは、この命題に含まれる諸事例の経験にもとづく普通の直接的帰納によって確立しうるようなものではありません。われわれは、われわれが観察する諸物体間に働く引力をみることはできません。われわれが観察するものは知覚的対象（たとえば目のまえの机や椅子や石など）の運動ですが、しかしこれらの知覚的対象は重力の法則に直接の確証を与えるものではありません。たとえばわれわれの目のまえにある机や椅子は、いま現にたがいに引き合って動いてはいません。もとより重力の法則はそういうことを要請しているものではないのです。なぜなら、それは直接には知覚できない理論的仮説的な力にかかわっているからです。ニュートンの重力の法則は、もちろん経験からの確証によって確立されてはいますけれども、しかしそれは普通の直接的帰納によって導かれたものではないのです。重力の法則はニュートン力学の一般理論を形成している「超越的仮説」の一つであり、そのような超越的仮説は仮説的方法によって確立されるものであり、現象からの直接的帰納によってえられるものではありません。

　ところでニュートンは、同じ「引力」が地上の物体間においてだけでなく、さらにはあらゆる天体間にも働いていると考えて、地上と天上の運動を統一的に説明しうる万有引力の原理を確立しましたが、それは、地上界と天上界の物体の運動はまったく違う性質のものと考えられていた当時においては、甚だ大胆な仮説でした。このような偉大な仮説の形成には緻密な観察だけでなく、とりわけ大きな総合的能力、強力な創造的想像力が不可欠です。こうした「仮説」の発見は普通の帰納によるものではなく、それとは違う別の種類の、いわば創造的な仮説形成的思惟または推論によるものと考えるのが至当でしょう。パースはそういう仮説形成的思惟または推論を「アブダクション」と称し、それを帰納とは明確に区別しているのです。

4　ケプラーの発見と遡及推論

つぎに、たとえばケプラーの発見について考えてみましょう。R・J・ブラックウェルはかれの著書『物理諸科学における発見』（*Discovery in Physical Sciences*, 1969）において、科学的発見にはいろいろなタイプがあることを示し、それらの発見のタイプの分類を行っていますが、そのなかでかれは「ということの発見」（discovering that）と「なぜかの発見」（discovering why）を区別しています。そしてこの区別を例示するために、かれはたとえばケプラーとニュートンの発見を例にあげています。ケプラーは、惑星が一定の仕方で運動するということ——つまり惑星は太陽を一つの焦点とする楕円軌道上を運動するということ、惑星は太陽とその惑星を結ぶ動径が等しい面積を掃くように運動するということ、惑星の公転周期の二乗は太陽とその惑星を結ぶ動径の平均距離の三乗に比例するということ——を発見したが、しかしかれは惑星がなぜそのような仕方で運動するかということについての「説明」は発見できませんでした。その「説明」はニュートンの万有引力の原理を待たなくてはならなかったのです。つまりケプラーの発見は「ということの発見」であり、ニュートンの発見は「なぜかの発見」である、というのです[6]。

発見のタイプをこのように分類することには異論はありません。たしかに、発見の結果だけをみますと、ケプラーの三法則の発見は惑星は一定の仕方で運動する「ということの発見」であり、それらの法則は惑星の運動の経験的規則性を記述したものにすぎないように思われます。しかしわれわれが注目しなくてはならないのは、ケプラーをそれらの法則の発見へと導いた、かれの思索または推論の過程です。ケプラーによる発見はたんに観察事実を記述し、それらの観察事実を総括する一般的定式化を帰納的に導き出したというものではありません。それは何よりも、円運動を宇宙秩序の絶対的な原理と考えていたケプラー以前および同時代の人びとの宇宙観を打破して、まったく斬新な「楕円軌道仮説」に思いいたったケプラーのすぐれた仮説的思惟によるものなのです。実際、ケプラーの思索の過程を顕著に特色づけているのは、ニュートンにもけっして劣らぬ強力な思索と想像力による大胆な仮説の形成です。

N・R・ハンソンはケプラーの発見について、つぎのように述べています。「実際にはこれほど大胆な想像力の行使が必要であったときはほかにあるまい。ケプラーは、当時のあらゆる天文学上の思考の〈パターンを覆す〉ことをやってのけたのであった。自然科学が体験した二十世紀の概念革命さえ、これほど過去との断絶は必要でなかった。ちょうど現在のわれわれにとって〈触知し得るもの〉ということが物理的対象にとって絶対的であるのと同じように、円運動は惑星という概念に絶対的であった。われわれにとって〈触知し得ない〉対象というものが考え得られないというなら、ケプラー以前および同時代の人びとにとって、円でない惑星の軌道などというものは考え得られなかったのである。ティコも、ガリレオさえも、この鉄則を破り得なかったことに留意してほしい(7)」。

ケプラーの法則は惑星の運動に関してティコ・ブラーエが長年にわたって集めた膨大な観察データをもとにして発見されましたが、しかし実際に観察を行ったブラーエ自身は自らの観察データのなかにケプラーの法則を読みとることはできませんでした。ブラーエにとって、一様な円運動というものは惑星の運動に関して絶対に守らなくてはならない鉄則であり、したがってかれは一様な円運動と辻褄が合うように自らの観察データを解釈せざるをえなかったのです。しかしこれとは反対に、ケプラーはブラーエの観察データをもとにして、その観察データを説明しうるような「仮説」を求めて、繰り返し観察データに戻り、なんども仮説を立て直す、というふうに思索を重ねながら、ついに楕円軌道の仮説に思いいたったのです。ハンソンはいいます、「彼は何度もその事実に戻らねばならなかった。事実群から仮説を立ててみる。また事実に戻ってそこから別の仮説を立ててみる。この繰り返しであった。そして最後に、楕円軌道の仮説に到ったのである。ケプラーの火星の軌道の発見にこそ、物理学的思考様式がもっとも典型的に現れているのであるが、科学哲学者たちがこのケプラーの業績を綿密に説明しようとした例はほとんどない。物理学の哲学を考えようとするものは、パースが、もっともすばらしいリトロダクションと呼んだものを無視してはなるまい(8)」。

アブダクションの別名として、パースがしばしば使っている「リトロダクション」(retroduction)という言葉は「遡及推論」を意味しています。それはつまり結果から原因への遡及推論であり、あるいは観察データからその観察データを説明しうると考えられる法則や理論への遡及推論を意味しています。そしてケプラーの推論はまさにそういう遡及推論です。ケプラーは惑星の運動に関する観察結果から、その観察結果をもたらした惑星の運動へと遡及推論を行ったのです。つまりティコ・ブラーエの観察結果を正しいとしたうえで、それらの観察結果を説明しうるように考えようとすると、惑星はどのように運動していなくてはならないか、観察結果に合うような惑星の運動とはどういうものでなくてはならないか、というふうに遡及推論を行ったのです。その遡及推論の過程においてケプラーは観察データにしたがって惑星の軌道のいろいろな形（卵円形など）を考え、なんども仮説を立て直すという思索を重ねるなかで、しだいに一様な円運動という神聖にして冒すべからざる鉄則に疑問を抱くようになり、ついにこの鉄則を打ち破ったのです。このケプラーの思索と推論の過程と、一様な円運動という鉄則を固守して、それと辻褄があうように観察データを解釈せざるをえなかったブラーエの考え方との重要な違いをみれば、ハンソンがケプラーの発見を「もっともすばらしいリトロダクション」と考えたわけがわかるでしょう。

たとえばJ・S・ミルはかれの『論理学の体系』（*A System of Logic*, Bk.III,Ch. 2–3）においてケプラーの方法に言及し、かれの方法には何ら推論（inference）は用いられておらず、それはたんに事実を記述しただけのものにすぎない、と述べていますが、パースはこのミルの見解について、それはケプラーの方法に関してまったくの無知をさらけ出すものである、とつぎのように反論しています。「ミルはケプラーの方法には推論はいっさいなかったと述べている。かれによると、それはたんに事実を記述したものにすぎない。ミルは、ケプラーにはティコの観察によって天空における火星のあらゆる位置が与えられていたのであり、ケプラーがやったことといえば、それらの事実を一般化し、そのようにしてそれらの事実を総括する一般的表現をえたことだけである、と考えていたようである。しかしたとえそれだけであったとしても、それはたしかに推論であったに違いない。二重星の運動について専門的な論議ができるほどの天文学に関する実地の知識がミルにあったなら、かれはそれを知ったであろう。しかしケプラーの仕事をそのようにみなすことは、それについてまったくの無知をさらけ出すことである。ミルは『火星の運動について』（*De Motu* (*Motibus*) *Stellae Martis*）を読んだことがないに違いない。この本は読みやすいものではない。この本が読みやすくないのは、それは最初から最後まで推論のあらゆる能力のもっとも強力な行使を必要とするからである」（CP:1.71）。そしてパースはケプラーの周到な思索と推論について論じたあとで、「これはいまだかつて行われたことのない遡及的推論のもっとも偉大な成果である」（CP:1.74）と述べています。

5　科学的想像力を支える推論

C・ヘンペルもいうように、「……それによって仮説や理論が経験的データから機械的に導出しうるあるいは推論しうるような〈帰納の規則〉というものは存在しない。データから理論にいたるには創造的想像力が必要である。科学的仮説や理論は、観察された事実から導かれるのではなく、観察された事実を説明するために発明されるものである」[9]。アインシュタインもつぎのように述べています、「物理の基礎概念へと導いてくれる帰納的な方法などは存在しない。(中略)間違っているのは、理論が経験から帰納的に出てくると信じている理論家たちである」[10]。ヘンペルもアインシュタインも、このように科学的仮説や理論の発見は帰納によって行われるものではないと考えていますが、しかしかれらは、では科学的仮説や理論はどのようにして形成されるのか、それらの仮説や理論は経験から帰納的に導かれるものではないとすると、ではほかにどんな方法があるのか、ということについては何も述べていません。ヘンペルは科学における「幸運な推測」による発見の例をいろいろあげていまして、科学的発見は幸運な偶然の思いつきや閃きによるものと考えているようです。あるいはK・ポパーによると、かれ自身の考えと同じように、アインシュタインも科学的発見へと導いていく論理的通路というものは存在しないと考えていたようです。ちなみに、ポパーは「すべての発見は〈非合理的要素〉、あるいはベルクソン的な意味における〈創造的直観〉を含んでいる」[11]と述べています。

しかし発見というのは科学的な仕事のなかでもっとも重要な、とくにすぐれた能力を要する部分であり、そもそも科学的探究とは発見の行為にほかなりません。そのように科学的活動の核心ともいうべき発見の問題を「幸運な推測」とか「非合理的要素」とか「創造的直観」という得体の知れないものの所為にして、一顧をも与えずに片づけてしまってよいものでしょうか。たしかに、科学的発見へと導いていく論理的通路というものは存在しないでしょう、あるいは科学的仮説を発案するための論理的規則というものは存在しないでしょう。しかしだからといって、科学的発見は非合理的な行為であり、運まかせの所為である、ということにはならないでしょう。ケプラーやニュートン、あるいはアインシュタインらの偉大な発見がたんなる「幸運な推測」によるものであり、何ら熟慮的な思惟または推論を要しなかったというのはとても考え難いことです。たとえばケプラーの場合、かれはティコ・ブラーエの観察データを整理するのにおよそ二十年を費やしたといわれます。このように長期にわたって、ケプラーはブラーエの観察データにもとづいて惑星の運動について思索を重ね、さきに述べましたように、その観察データを説明するために、それらの観察結果から、それらの観察結果をもたらしたいわばその原因である惑星の運動へと遡及的推論（retroductive inference）を繰り返し行い、なんども仮説を立てたり立て直したりしながら、かれの三法則の発見を成し遂げているのです。

ヘンペルは「データから理論にいたるには創造的想像力が必要である」といいます。しかしかれはその科学的想像力について、それは組織的な思索や推論を何ら必要とせず、科学者たちはかれらの想像力を自由に広げてよいし、かれらの創造的思考は科学的に疑問のある考えによって影響されることすらあってもよい、といいます。そしてかれは、「たとえば、惑星の運動に関するケプラーの研究は、数についての神秘的な教義に対するかれの興味や天球の音楽を証明したいというかれの情熱によって鼓舞されていた(12)」と述べています。しかしこうしたケプラーの神秘的なものに対する興味や情熱はかれの惑星研究への関心とか意欲とか執心を鼓舞し支える心理的要因にはなりえたかもしれませんが、しかしそのような科学的根拠のまったくない神秘主義的思想がケプラーの発見そのものとどのようにかかわっているというのでしょうか。神秘的なものに対するケプラーの興味は、かれにかれの法則を思いつく手掛かりさえ与えはしなかったでしょう。科学的想像力というものが熟慮的思惟または推論をいっさい含まず、何ら科学的合理的根拠のないたんなる放縦な夢想だとしたら、それは科学的発見を妨げる先入観や偏見を生むことはあっても、科学的発見のための真の創造力にはなりえないでしょう。ケプラーはブラーエの科学的な観察データにもとづいて思索したのであり、その観察データを説明するために周到な計算と推論を重ねるなかで、惑星という概念に絶対的であった一様な円運動という鉄則に対し疑問を抱くようになり、ついにその鉄則を打破して、かれの発見にいたったのでした。ケプラーの発見は、パースがいうように、「最初から最後まで推論のあらゆる能力のもっとも強力な行使」(CP:1.71) によって成し遂げられたのであり、それは「いまだかつて行なわれたことのない遡及的推論のもっとも偉大な成果」(CP:1.74) なのです。

ところであとで述べますように、パースも科学者たちの心に突然生ずる閃きとか思いつき (幸運な推測) ——かれはそれを「アブダクティブな示唆」(abductive suggestion) または「洞察」(insight) の働きと呼んでいます——が、科学的仮説を発案し発見へと導く重要なきっかけになるということを認めています。しかしパースの考えでは、このアブダクティブな示唆 (洞察力)

は説明不可能な「非合理的要素」とか超論理的な直観とか啓示というものではなく、それは科学的発見に関する哲学的論理的考察を妨げる要因ではありません。「アブダクティブな示唆」と特別に呼んでいるところからして、パースはこの洞察力をアブダクションの論理の重要な側面とさえ考えているのであり、実際、かれのアブダクション論にはこの洞察力に関する興味深い所見が多々含まれています。詳しくはあとで述べますが、このアブダクティブな洞察力について、パースはそれを人類進化の過程のなかで自然に適応するために人間精神に備わるようになった「自然について正しく推測する本能的能力」として、その進化論的論拠について論じています。つまり自然の諸法則の影響のもとで育まれ進化した人間精神には本来、それらの自然の諸法則について正しく推測する本能的能力が備わっているのであり、いいかえると、アブダクティブな示唆はそれ自体が人間精神のいわば合自然的（合理的）な働きである、というのです。

しかしもちろん、パースは科学的仮説を形成するのにこの本能的な洞察力だけで十分だと考えているのではありません。科学者たちはたまたま閃めいて心に思い浮かぶ仮説を吟味もせずにただちに採択することはしないでしょう。科学者たちがある仮説を採択するのは、それを正しいと考えるに足るだけの理由または根拠があるからです。「真理を学ぼうという心からの積極的な欲求」をもつ探究者なら、考えられうるあらゆる仮説について熟考し、もっとも正しいと思われる仮説にいたるまで思索と推論を重ねるでしょう。仮説を形成するということは、つまり正しい仮説を形成しようという明確な意図のもとに行われる「意識的で、熟慮的で、自発的で、かつ統制された行為」です。いいかえると、パースはアブダクションによる仮説の形成は二つの段階を踏まえて行われると考えているのです。つまりアブダクションは最初にいろいろな仮説を思いつく示唆的（洞察的）段階とそれらの仮説について検討し、そのなかからもっとも正しいと思われる仮説を選ぶ（あるいは、それらの仮説のほかにもっと適切な仮説がないかどうかを考える）熟考的な推論の段階から成り立っています。詳しくはつぎの章で論じますが、要するに、アブダクションは正しい仮説の形成を目指して意図的に用いられる方法であり、したがって十分意識的に熟慮して用いられるなら、それは論理的に統制された思惟の方法であり、科学的発見のためのすぐれた推論の方法となりうる、とパースは考えているのです。

　では、アブダクションとはどんな形式の推論なのでしょうか。われわれはつぎの章でアブダクションの推論の形式と特質について考えてみることにしましょう。

（1）Hans Reichenbach, *The Rise of Scientific Philosophy*, University of California Press, Berkeley and Los Angels, 1954, pp.5〜7.
（2）*Ibid.*, p.6.
（3）Hans Reichenbach, *Experience and Prediction*, The University of Chicago Press, Chicago and London, 1938, p.383.

（4）『NHKアインシュタイン・ロマン』（第一巻）——黄泉の時空から（NHKアインシュタイン・プロジェクト、日本放送出版協会、一九九一年）、七一頁。
（5）William Kneale, *Probability and Induction*, Oxford University Press, London, 1949, pp.98〜100.
（6）Richard J. Blackwell, *Discovery in The Physical Sciences*, University of Notre Dame Press, Notre Dame, London, 1969, p.40.
（7）N・R・ハンソン著、村上陽一郎訳『科学的発見のパターン』（講談社、昭和六十一年）、一五九〜一六〇頁。
（8）同上、一五六頁。
（9）Carl G. Hempel, *Philosophy of Natural Science*, Prentice-Hall, Inc., Englewood Cliffs, N.Y. 1966, p.15.
（10）ウイリアム・H・デイヴィス著、赤木昭夫訳『パースの認識論』（産業図書、平成二年）、七二頁に引用。
（11）Karl R. Popper, *The Logic of Scientific Discovery*, Hutchinson & Co., London, 1959, p.32.
（12）Carl G. Hempel, *op. cit.*, p.16.

第三章　アブダクションの推論の形式と特質

1　「説明仮説」の形成

探究という科学的行為はある問題状況に直面し何らかの疑念を抱くようになるとき、その疑念に刺激されて生じます。つまり探究はわれわれの信念にそむくある意外な事実を観察したり、あるいはわれわれの期待の習慣に反する何らかの変則性に気づくことからはじまります。そして探究の目的は、その意外な事実や変則性がなぜ起こったかということについて、その理由または説明を与えることによって、われわれの疑念を合理的に解決することにあります。このように、ある意外な事実や変則性の観察から出発して、その事実や変則性がなぜ起こったかについて説明を与える「説明仮説」(explanatory hypothesis) を形成する思惟または推論が、アブダクションです。このアブダクションの推論の形式を、パースはつぎのように定式化しています。

驚くべき事実Cが観察される、
しかしもしHが真であれば、Cは当然の事柄であろう、
よって、Hが真であると考えるべき理由がある。

ここで「驚くべき事実C」というのはわれわれの疑念と探究を引き起こすある意外な事実または変則性のことであり、「H」はその「驚くべき事実C」を説明するために考えられた「説明仮説」です。

例をあげて示しましょう。パースはたとえばつぎのような例をあげています（アブダクションは事実の発見、法則の発見、理論の発見のあらゆるレベルにおける発見にかかわりますが、しかし例としては事実の発見にかかわる仮説の例がわかりやすいし、パースがあげているのも事実の発見に関するものです）。(1)「わたくしはかつてトルコのある地方のある港町で船から降りて、わたくしが訪ねたいある家の方へ歩いていると、ひとりの人が馬に乗ってその人のまわりには四人の騎手がその人の頭上を天蓋で蔽って、通って行くのに出会ったことがある。そこでわたくしは、これほど重んじられた人となると、この地方の知事のほかには考えられないので、その人はきっとこの地方の知事に違いないと推論した。これは一つの仮説である」。(2)「化石が発見される。それはたとえば魚の化石のようなもので、しかも陸地のずっと内側で見つかったとしよう。この現象を説

明するために、われわれはこの一帯の陸地はかつては海であったに違いないと考える。これも一つの仮説である」。(3)「無数の文書や遺跡がナポレオン・ボナパルトという名前の支配者に関連している。われわれはその人をみたことはないが、しかしかれは実在の人であったと考えなければ、われわれはわれわれがみたもの、つまりすべてのそれらの文書や遺跡を説明することはできない。これも仮説である」(CP:2.625)。

これらの例で、説明を要するある意外な「驚くべき事実C」は、(1)においては、トルコのある地方の港町で出会った、馬に乗って騎手たちの護衛つきでたいそう重んじられて通っているある人はいったいどういう人物なのかということであり、(2)においては、陸地のずっと内側に魚の化石が見つかるのはなぜかということであり、(3)においては、ナポレオンに関連する無数の文書や遺跡の存在です。そしてそれらの「驚くべき事実C」を説明するために考え出された「説明仮説H」は、(1)では、これほど重んじられた人となるとその人はきっとこの地方の知事であろうということ、(2)では、魚の化石が見つかったこの一帯の陸地はかつては海であったに違いないということ、(3)では、ナポレオン・ボナパルトという名前の支配者は実在の人であったと考えなくてはならないということになります。

これらの例でわかりますように、説明を要する「驚くべき事実C」は、その事実を説明するために提案された「説明仮説H」によって、納得のいく説明または理由が与えられています。すなわち、トルコのある地方の港町で出会った問題の人はこの地方の知事であろう（H）と考えれば、あのように騎手たちの護衛つきで重んじられて通ること（C）は当然のことであろう、よってその人はこの地方の知事である（H）と考えるべき理由がある、ということができます。また、魚の化石がみつかったこの一帯の陸地はかつては海であったが、地殻変動などによって隆起して陸地になった（H）と考えれば、陸地のずっと内側に魚の化石がみつかること（C）は不思議ではない、だからその場所一帯の陸地はかつては海であった（H）と考えるのがもっとも理にかなっている、というふうに納得のいく説明ができます。あるいは、ナポレオンという名前の支配者が過去に実在した（H）としたら、それらの文書や遺跡が残ること（C）は当然の結果であろう、よってナポレオンという名前の支配者は過去に実在した（H）と考えなくてはならない、というふうに推論できます。これらの仮説は「そのように考えるべき理由がある」、「そのように考えるのがもっとも理にかなっている」、「そのように考えなくてはならない」というふうに、ある明確な理由または根拠にもとづいて提案されているのです。そしてその理由または根拠はそれらの仮説にある程度の説得力、もっともらしさ（plausibility）を与えています。

ここでもういちど、万有引力の仮説を考え出したニュートンの思索と推論について考えてみましょう。ニュートンは林檎が落ちるのをみて万有引力の思想を考えついたという逸話はたんなる伝説ではなく信頼のおける実話のようで、W・スタックリー（一六八七〜一七七六）は晩年のニュートンと会って聞いたことをつぎのように記しています。「（ロンドンのニュートン家で）昼食後は非常に暑かった。われわれは庭に出て、数本の林檎の木陰で茶を飲んでいた。そこにいるのはわれわれ三人だけだった。話の間、アイザック卿は私に語った、重力に関する思想が私の頭にはじめて浮かんだときも、私はちょうどいまと同じ姿勢をとっていたと。ニュートンが思索に沈みながら座っていると、林檎が落下してつぎのような思想が彼の頭に浮かんだのである。林檎は何故いつも垂直に落ちるのか、何故わきの方ではなくていつも地球の中心に向かって落ちるのか、ニュートンは頭のなかで考えてみた。物質のなかには引力があって、それが地球の中心に集中しているのでなければならない。もし一つの物質が他の物質を引きつけるならば、その大きさの間には比例関係が成り立っていなければならない。そのために林檎は、地球が林檎を引くのと同様に、地球を引くのだ。だから、われわれが重さと呼ぶものと同様の力があって、それが全宇宙に拡がっているのでなければならない(1)」。

もちろんニュートンの発見過程はもっと込み入った複雑な思索と推論から成り、理論的にきわめて周到なものであったことはいうまでもありません。しかし話を簡単にするために、ここにスタックリーが伝えているニュートンの林檎の話を引用しました。この話におけるニュートンの思索はアブダクティブな推論のパターンを簡明によく例示しているように思うからです。このニュートンの思索の非凡なところは、まず林檎が落ちるという事実に対するかれの「驚き」にあります。「林檎は何故いつも垂直に落ちるのか、何故わきの方ではなくていつも地球の中心に向かって落ちるのか」というニュートンの驚きと疑念そのものが、かれの独創的な洞察力と想像力によるものです。もちろんニュートン以前の人びとも林檎が落ちるのをみてきているし、物体は支えられていないときには落下するということは誰もが知っています。しかしかれらにとっては、林檎が落ちるという事実（物体は支えられていないときには落下するという事実）は何ら意外な出来事ではなく、「驚くべき事実」ではなかったのです。そういう驚きや疑念はすぐれた洞察力と想像力によるものであり、ただ経験を積めば誰にでも自ずと生ずるというものではありません。パースがいうように、「人は諸現象を愚かにじろじろみつめることもできる。しかし想像力の働かないところでは、それらの現象はけっして合理的な仕方でたがいに関連づけられることはない」(CP:1.46)。

「林檎は何故いつも垂直に落ちるのか、何故わきの方ではなくていつも地球の中心に向かって落ちるのか」というのが、ニュートンにとって説明を要する「驚くべき事実C」です。この事実を説明するために、ニュートンは「頭のなかで考えた」。物体のなかには「引力」が働いていて、それが地球の中心に集中しているのでなければならない。そして一つの物体が他の物体を引くとしたら、その引力の大きさには比例関係がなくてはならない。つまり地球が林檎を引いているとしたら、同様に林檎も地球を引いている、と考えなくてはならない。これが「驚くべき事実C」を説明するためにニュートンが考え出した「説明仮説H」です。そしてそこからさらに推論を押し進めて、ニュートンはこの種の「引力」（われわれが重さと呼ぶものと同様の力）はあらゆる物体間に働いている、つまり全宇宙に広がっていると考えなくてはならないというふうに、万有引力の思想に思いいたっているのです。

このニュートンの思索が普通の帰納的推論と違う点は明らかでしょう。ニュートンは、物体は支えられていないときには落下するという事実をあれこれ観察し、それらの観察事実を集めて整理し分析し一般化することによって、万有引力の原理を発見しているのではありません。そもそも「林檎は何故いつも垂直に落ちるのか、何故わきの方ではなくていつも地球の中心に向かって落ちるのか」という驚きと問いかけがなければ、ニュートンの思索と探究ははじまりません。このように問いかけることによって、ニュートンはこの疑問に答えるために思索し、いろいろと推論を重ね仮説を立てながら、万有引力の思想を考え出しているのです。

自然の事象に対して「なぜか」と問いかけて、その疑問に答えるために推論を行い、納得のいく「説明仮説」を立てるということは、たとえば犯人の自白を促す誘導尋問のように、自然に対してわれわれ探究者の側から積極的に問いかけることによって、つまり自然に対していわば誘導尋問を行うことによって、自然から真理を引き出そうとする企てです。自然からどんな真理を引き出すことができるかは、自然に対するわれわれの問いかけ方いかんによる、つまりわれわれの仮説の立て方いかんによるのです。正しく仮説を立てて自然に対してうまく問いかけ誘導尋問を行えば、自然はきっとその本性をわれわれに示すでしょう。しかし自然にうまく問いかけて自然から真理を引き出すためには、すぐれた洞察力と想像力が必要であり、そしてもちろん熟練した推論の技術が不可欠です。

このことをもっともよく示しているのが林檎の落下に対するニュートンの独創的な問いかけと

思索です。ニュートンの驚きと疑念、その驚きと疑念を解決するためにかれが考え出した諸仮説、そしてついには万有引力の原理という偉大な仮説の確立——このニュートンの発見過程を顕著に特色づけているのは一連の創造的な仮説形成的推論、すなわちアブダクションです。

2　アブダクションの推論の形式と特質

ある意外な事実Cが観察されると、その事実Cがなぜ起こったかを説明するために仮説Hが発案されます。そして、「もしHが真であれば、Cは当然の事柄であろう」というふうにいうことができるならば、「Hは真であると考えるべき理由がある」として、仮説Hを暫定的に採択することができます。これがアブダクションの推論の形式です。「もしHが真であれば、Cは当然の事柄であろう」というのは、つまり説明を要する意外な事実Cはそれを説明するために考えられた仮説Hが述べている別の事実（または法則や理論）から必然的にあるいは高い確率で帰結する、ということを言明しています。さきにあげた諸例でいうと、説明を要する意外な事実C——たとえばトルコのある港町でたいそう重んじられて通っているある問題の人物、陸地のずっと内側でみつかった魚の化石、ナポレオンという名前の支配者に関連する文書や遺跡の存在、林檎が地球の中心に向かって垂直に落ちるという事実——は、それらの事実を説明するために考え出された仮説Hが述べている別の事実（または法則や理論）——トルコのある港町で出会った問題の人物はこの地方の知事であるということ、魚の化石が見つかったこの一帯の陸地はかつては海であったということ、ナポレオンという名前の支配者は過去に実在したということ、あらゆる物体間に引力が働いているという重力の法則――から、必然的にあるいは高い確率で帰結する、と考えられます。つまり仮説Hが述べている事実（または法則や理論）が真であるとしたら、問題の事実Cが生ずるのは当然であり驚くにあたらない、というふうに納得できます。このようにアブダクションは、ある意外な事実Cに関してそれを説明しうると考えられる仮説Hを発案し、そして仮説Hと問題の事実Cの間に「Hが真であれば、Cは当然の事柄であろう」といえるような関係が成り立つならば、仮説Hは真らしいと考えなくてはならない、というふうに推論する思惟なのです。

たしかに、アブダクションはその結論（仮説）を推測的に言明しているにすぎず、それは大いに間違う可能性のある論証力の弱いタイプの推論です。しかしさきにあげた諸例が示しているように、アブダクションはたんなる当てずっぽうな推測ではなく、それはある明確な理由または根拠――つまり「そのように考えるべき理由がある」、「そのように考えるのがもっとも理にかなっている」、「そのように考えざるをえない」というふうに納得できる合理的な理由または根拠――にもとづいて、仮説を提案しています。このようにアブダクションは意識的に熟慮して行われる思惟（reasoning）であり、そういう意味で論理的に統制された推論（inference）である、ということができます。パースはいいます、「仮説（アブダクション）はあらゆる意味において推論である。なぜなら仮説は、正当なものであれ不当なものであれ、ある理由があって採用されているのであり、そしてその理由は、そのようなものとして考えられる場合には、仮説に対してもっともらしさを与えているからである」(CP:2.511、傍点は引用者による)。

ここでもういちど、アブダクションの推論の形式をみてみましょう。まえに示したアブダクションの定式化はもっと簡単に書くと、つぎのようになります。

驚くべき事実Cがある、
しかしHならば、Cである、
よって、Hである。

これは記号でつぎのように書き表わされます。

$$\begin{array}{l} C \\ H \supset C \\ \hline \therefore H \end{array}$$

この形式が示すように、アブダクションは驚くべき事実Cの観察からそれを説明しうると考えられる仮説Hへのいわば「遡及推論」(retroduction) です。しかしこの式は後件Cを肯定することによって先件Hを肯定しているものであり、それはつまり論理学でいう「後件肯定の誤謬」(the fallacy of affirming the consequent) をおかしており、形式論理の規則に反しています。

しかしパースはいいます、「アブダクションは論理的諸規則によって拘束されることはほとんどないが、しかしそれにもかかわらずそれは論理的な推論であり、アブダクションはその結論を問題的に、または推測的に言明するにすぎないことも本当であるが、しかしそれにもかかわらず、それは完全に明確な論理的形式を有するものであることをおぼえておかなくてはならない」(CP: 5.188)。ここでパースがアブダクションは明確な論理的形式を有するといっているのは、もちろん形式論理的に妥当な論理的形式を有するということではありません。さきに記号で書き表わして示したように、アブダクションの推論の形式 (C, HC/∴H) は論理的規則に反しており (「後件肯定の誤謬」をおかしており)、それは論理的に (形式論理的に) 正しい推論の形式ではありません。したがってアブダクションは論理的な推論であるというのは演繹を正しい推論のモデルと考える論理学の通念では到底認めがたい推論の概念でしょう。

しかしパースの推論の概念にしたがえば、逆に、つぎのようにいうこともできるでしょう。すなわち、「心をもっとも必要とする目的、つまり、未知について推測するという目的にとって、演繹は役に立たない。それにもかかわらず、演繹的推論を正しい推論のモデルとする昔ながらの虚偽（ファラシー）のため、すべての困難が生じている。そのことは、少し考えれば明らかになる。演繹において、われわれは既知について単に手を加えているにすぎず、暗黙裡に知っていることを取り出し明確にするだけで、新しい情報は何も得られていない[2]。科学において「心をもっとも必要とする目的、つまり、未知について推測するという目的にとって」（未知の諸法則や理論について推測し、新しい諸観念や知識を導入するという創造的目的にとって）もっとも重要な働きをするのは、すぐれた「拡張的（発見的）」機能を有する推論すなわちアブダクションです。しかし論理学においてはもとより、科学的知識の方法論においてもアブダクションはその存在すら認められず、発見や発明という創造性の問題はまったく無視され、一方、「単に既知について手を加えているにすぎない」、「暗黙裡に知っていることを取り出し明確にするだけ」の演繹的推論が正しい推論のモデルと考えられているのは誤りであり偏見である、といわなくてはなりません。論理学者たちがアブダクションを推論として認めようとしないのは、かれらが推論の形式的妥当性のみを偏重し、推論の概念をあまりに形式的に狭く考えすぎるからであり、そもそも形式論理は現実の人間の科学的思考や推論をとり扱うのに適していない、ということについてはまえに（第一章で）述べたとおりです。

こうしてパースがアブダクションを論理的な推論とみなすのは、もとより形式論理の推論の概念とは基本的に違う意味においてであることはいうまでもありません。「アブダクションはその結論を問題的に、または推測的に言明するにすぎない」。仮説というものは論理的規則にしたがって形成しうるものではなく、われわれは推測によって、いわば試行錯誤的に仮説を考え出さなくてはなりません。しかしアブダクションはなんら合理的な思惟なしに行われる放縦な当てずっぽうの推測である、ということではもちろんありません。われわれはむしろつぎのようにいわなくてはならないでしょう。つまりアブダクションは論理的規則にしたがって機械的に行われる推論ではなく、試行錯誤的な推測であるからこそ、それゆえにかえって、アブダクティブな推測においては、とくに意識的に熟慮的で自己修正的でなくてはならないのであり、十分納得のいくもっとも理にかなった推測に到達するまで熟考に熟考を重ねなくてはならない、といわなくてはなりません。そしてそういう意味でアブダクションは論理的に統制された推論とみなしうる、ということはすでに繰り返し論じたとおりです。

「アブダクションは論理的諸規則によって拘束されることはほとんどない」ということは、さらにつぎのようにいいかえることもできるでしょう。つまり論理的諸規則によって縛られることがないから、それだけアブダクティブな推論には創造的な想像力が働く余地がある、ということです。科学的探究者たちは自由に想像力を働かせて仮説を発案することができます。パースによると、科学的な想像力というのはそれ自体が合理的な思惟の働きです。すなわち、「科学的想像は説明と法則を夢みる」（CP:1.48）のです。あるいは、まえにも引用しましたが、「人は諸現象を愚かにじろじろみつめることもできる。しかし想像力の働かないところでは、それらの現象はけっして合理的な仕方でたがいに関連づけられることはない」（CP:1.46、傍点は引用者による）。

しかしまた、創造的な想像力が働くアブダクションにおいては前提から結論にいたる推論のステップに大いに「飛躍」(leap, jump) があることも避けられないことです。つまりアブダクションの「拡張的 (発見的)」機能は何らかの「飛躍」によって達せられるのです。そのアブダクションにおける「飛躍」は帰納的推論におけるいわゆる「帰納的飛躍」(inductive leap) とも異なるものであり、われわれはそれを「仮説的飛躍」(abductive leap) と呼ぶことにしましょう (これはパースの用語ではありません)。その「仮説的飛躍」と「帰納的飛躍」については、つぎの章で帰納とアブダクションの推論の違いについて論ずる際に、あらためて考察したいと思います。

3　閃きと熟慮から成るアブダクション

ところで科学者たちは研究中に、ある思いがけない閃きというか洞察というか直観というか、何かそういう幸運な偶然によって正しい仮説を思いつき重要な発見にいたるということがよくある、といわれます (たとえばアルキメデスが入浴中に浴槽の水位の変化を見て、ヒエロン王の王冠のなかの黄金の割合を求めるという問題を解決したとか、化学者ケクレは暖炉のまえでうたた寝をしているときに、暖炉の炎のなかで原子が突然蛇のような集団をなして舞い、そのなかの一つが自分の尻尾をくわえて輪になったという夢を見て、ベンゼンの分子構造式である六角形の環を思いついたとか、科学史にはそういう幸運の偶然による発見の話は多々あります)。そして一般には、科学における仮説の創案や発見は推論によって行われるのではなく、むしろそういう偶然の要因に負うところが大きい、と考えられています。ですから、科学的発見の過程は論理分析ができないと考える論者たちがその理由としてあげるのも、このいわば偶然の要因です。それは論理を超えた説明不可能な「非合理的要素」(ポパー)であり、「創造的直観」(ベルグソン)であり、「超論理的な提起」(ラッセル)であり、あるいは無意識の働き(ケストラー)です。科学的発見におけるこのような偶然の要因について、ではパースはどのように考えているのでしょうか。

パースもこう述べています。「アブダクティブな示唆は閃光のようにわれわれに現われる。それは洞察の働きである……」(CP:5.181)。そしてかれによると、この洞察の働きもアブダクションの重要な特質です。しかし「アブダクティブな示唆」(洞察、閃き)はまさに閃光のように思いがけなく突然われわれに現われますから、それは論理的に統制できるようなものではないでしょう。したがってこうした洞察(閃き)が働く限り、アブダクションは論理的な推論とはいえないのではないか、あるいは少なくともこの特質はアブダクションを論理的な推論としてみなすうえで不利ではないか、と考えられます。われわれはこれまで、アブダクションは熟慮的に行われる論理的に統制された推論であると論じてきましたが、しかしパースはまた、アブダクティブな示唆は閃光のように現われるのであり、したがって論理的に統制不可能である、と説いているようにも思われます。アブダクションのこの二つの側面または特質——「洞察」と「推論」——は両立しうるものでしょうか、それとも相容れないものであり、したがってパースのアブダクションの論理は破綻している、といわなくてはならないのでしょうか。このパースの所見をどのように理解したらよいでしょうか。

結論からいいますと、パースはいま述べたアブダクションの二つの働き――「洞察」と「推論」――を相反するものとは考えていません。かれによると、この二つの働きはアブダクションにおける二つの段階を成すものであり、そしてそれらの働きは相俟って仮説の形成にかかわる、いわば補完的な関係にあります。つまりアブダクションはつぎのような二つの段階から成り立っています。その第一段階は、探究中の問題の現象について考えられうる説明をあれこれ推測し、心に思い浮かぶ仮説を思いつくままに列挙することであり、つまりこの段階ではアブダクションは考えられうる諸仮説をただ示唆するだけです。そして洞察（閃き）が働くのは主にその第一段階においてです。アブダクションの第二段階は、それらの思い浮かぶ諸仮説のリストのなかから、十分熟慮して、もっとも正しいと思われる仮説を選び採択する過程です。いいかえると、科学的探究者はたとえ偶然の閃きによって仮説を思いついたとしても、かれはただちにその仮説を採択するのではなく、かれはさらに、その仮説が考えられうる仮説のなかでもっとも理にかなった仮説といえるかどうかを熟考し、もっとも正しいと考えられる仮説を選ばなくてはなりません。このようにアブダクションは最初にいくつかの仮説を思いつくままに提起する示唆的な段階と、それらの仮説のなかからもっとも正しいと思われる仮説を選ぶ熟慮的な推論の段階から成り立っている、というのです(3)。

ところで、「アブダクティブな示唆は閃光のようにわれわれに現われる」ということについてですが、パースはこの洞察の働きについて、それは何か説明不可能な「非合理的要素」とか不可解な神秘的能力というようなものではなく、それは自然に適応するために人間に本来備わっている本能的能力である、といいます。それはつまり、人類進化の過程のなかで自然の諸法則との絶えざる相互作用を通して、それらの自然の諸法則の影響のもとで育まれ発展してきた人間の精神に備わる「自然について正しく推測する本能的能力」である、というのです。そしてパースによると、人間の精神には本来この「自然について正しく推測する本能的能力」が備わっているという進化論的事実を認めることが、あらゆるアブダクティブな探究の根底にある（ひいてはあらゆる科学的探究の根底にある）もっとも基本的な前提です。このいわば本能的アブダクション（正しく推測する本能的能力）をめぐるパースの進化論的思想はそれ自体とても興味深いものですので、われわれはすぐあとで、その進化論的思想について考えてみたいと思います。

しかしそのまえに、アブダクションの第二の段階――つまり考えられうる諸仮説のなかからもっとも正しいと思われる仮説を選ぶ推論の段階――について述べなくてはなりません。では探究者は、考えられうるいくつかの仮説のなかから、どのようにしてもっとも正しいと思われる仮説を選ぶのでしょうか。仮説は実験的テストによって検証されなくてはなりません。ですから仮説を選ぶということは、ある仮説が実験的テストにかけるに値するものかどうかを検討し、実験的テストにかけるのに優先すべき仮説を暫定的に採択する、ということです。では探究者はどんな条件または基準にもとづいて実験テストに付すべき仮説を選ぶのでしょうか。パースは以下に述べる四つの条件または基準をあげています。

(1)もっともらしさ（plausibility）。それはつまり、仮説は検討中の問題の現象についてもっともらしい、もっとも理にかなった説明を与えるものでなくてはならない、ということです。まえにも述べましたが、たとえばある意外な事実Cを説明するために仮説Hを思いついたとしますと、われわれは「HならばC」（仮説Hが真ならば、事実Cは当然の事柄であろう）というふうにいえるかどうか、つまり仮説Hが述べている事実（または法則や理論）から必然的にあるいは高い確率で事実Cが帰結するといえるかどうかを考えてみなくてはなりません。しかしもし仮説Hで納得がいかないときには、われわれは別のたとえば仮説Kを発案し、「KならばC」といえるかどうかを考えてみます。それでも納得がいかないときは、これまでの仮説に修正を加えるか、あるいは新たに仮説を立て直して事実Cの説明を試みるというふうに、十分納得のいくもっともらしい仮説に考えいたるまで熟慮し推論を重ねなくてはなりません。

(2)検証可能性（verifiability）。すなわち、仮説は実験的に検証可能でなくてはならないということです。つまり提案された仮説は経験的事実に照らして確証ないし反証しうるものでなくてはなりません。仮説の検証は、まず演繹によってその仮説からどんな経験的諸帰結・予測が必然的に導かれるかを示し、そして帰納によってそれらの予測がどれだけ経験的事実と一致するかを確かめることによって行われます（仮説の検証における演繹と帰納の役割については第五章で述べます）。ですから、仮説が検証可能であるということは、こうした手続きにしたがって経験的事実と照合し実験的なテストが可能であるということを意味しています。そしてパースは、もっともすぐれた仮説というのはそれが偽である場合には容易に反証可能なものである、ということを強調しています。「探究者にとってもっとも魅力のある仮説という意味で最良の仮説は、それが偽である場合はもっとも容易に反証可能なものである」（CP:1.120、傍点は引用者による）。

(3)単純性（simplicity）。それはつまり、同じ程度の説明能力を有するいくつかの仮説があるとすると、より単純な仮説を選ばなくてはならない、ということです。パースによると、仮説の単純性というのは論理的単純性ではなく、いわば心理的単純性、つまり本能的に自然に感ずる単純性です。すなわち、「より扱いやすく自然であるという意味でより単純な仮説、本能が示唆するもの、それが選ばれなくてはならない」（CP:6.477）。そしてこの単純性の規則にはもう一つの利点があります。「この規則にはもう一つの利点がある。それはつまり、もっとも単純な仮説はその帰結がもっとも容易に演繹され、そしてもっとも容易に観察と照合しうるということである。したがってそれらの仮説はもしそれらが誤っているなら、それらは他の仮説よりも手間をかけずに排除できるのである」（CP:6.532）。

(4)経済性（economy）。いま述べた単純性の規則から、さらにつぎのようにいうことができます。つまり単純な仮説ほど、それを実験的にテストするのに費用や時間や思考やエネルギーが節約できる、ということです。「アブダクションにおいて実際に考慮すべきもっとも重要なことは何かというと、それは節約の問題――経費、時間、思考、そしてエネルギーの節約の問題である」(CP:5.600)。実験に要する費用が安く実験がより簡単にできて、そのうえもっとも実り多い成果がえられそうな仮説を優先して実験にかけるべきである、というのです。

このようにパースは仮説を採択する際にアブダクションがしたがわなくてはならない諸条件または基準を示しています。科学的探究者はいろいろな仕方で（偶然の閃きによって、あるいは自由に想像力を働かせることによって）考えられうる仮説を思いつきあるいは発案しますが、しかしそれはさらに、以上で述べたような諸条件または基準にしたがって、それらの考えられうる仮説のなかから実験的テストに付すべき仮説の優先順位を検討し、あらゆる点で最良と思われる仮説を採択しなくてはなりません。アブダクションは試行錯誤的な推測ですが、しかしたびたび述べていますように、それは正しい仮説を形成しようという明確な意図のもとに、意識的にかつ熟慮的に行われる推測です。仮説というものは、正当と思われるある理由または根拠があって採択されるのです。

4　パースの進化論的思想

ではふたたびまえにもどって、科学者たちに閃光のように現われるという「アブダクティブな示唆（洞察）」について考えてみましょう。まえにも述べましたように、パースはこのアブダクティブな洞察力を含めてあらゆるアブダクティブな探究の根底にある（そしてあらゆる科学的探究の根底にある）もっとも基本的な前提は、人間の精神には本来「自然について正しく推測する本能的能力」が備わっているという進化論的事実を認めることである、と考えています。それは自然に適応するために人間に本来備わっている自然的能力であり、人間を正しい推測へと導く自然的性向または本能的能力です。そしてこの天性の能力はとりわけ天才たちを真理の方向へ導く「自然の光」である、とパースはいいます。「ガリレオはかれの思索のもっとも重要な段階で自然の光に訴えている。コペルニクスはいうまでもなく、ケプラー、ギルバート、そしてハーヴェーは大いに天性の能力に頼っているが、その天性の能力だけでは真理に到達するのに十分ではないけれども、しかしそれはかれらの精神を真理の方向へ導くところの諸影響力に一つの本質的な要因をくわえるものである」(CP:1.80)。

　人間には本来「正しく推測する能力」(the power of guessing right)、あるいは「正しく推測する自然的本能」(natural instinct for guessing right) が備わっているということを示す何よりの証左は、パースによると、つぎの事実にあります。すなわち、ある事象について考えられうる説明仮説は厳密には無数にありうるが、しかし人間の精神は考えられうるあらゆる仮説のなかから、ある有限回の推測によってもっとも正しい仮説を考え当てることができる、という事実です。

　「われわれの事実について考えられうる説明は厳密には無数にありうるであろうが、しかしわれわれの精神はある有限回の推測でもってそれらの事実に関する唯一の真なる説明を考え当てることができるであろう」(CP:7.219)。「いったい人間が……(ある)真なる理論を心に抱くようになるというのはどのようにしてなのか。それは偶然に起こったのだとはいえない。なぜなら、考えられうる理論は厳密には無数ではないとしても、ともかく何兆、あるいは百万の三乗を越える数のものがありうるからである。したがって、人間が考える動物になってから二、三万年も経ったその間にはただ一つの真なる理論に対して偶然はあまりに圧倒的多数に上っていて、その真なる理論を考え当てるということはどんな人間の頭にもとてもできない。ちなみに、あなた方はたとえば卵からかえったひよっこはみんな、何かを拾って食べるという正当な観念を思いつくまで、考えられうるあらゆる理論を隈なく探索してそのなかから捜し当てなくてはならないなどと、真面目に考えたりはしないでしょう。反対に、ひよっこはそれをなしうる(正しく餌をとって食べることをなしうる)生得的な観念をもっている、つまりひよっこはそのことを考えることができるのであり、そしてそのほかのことは考える能力はない、とあなた方は考えるでしょう。ひよっこは本能によって餌をついばむのだとあなた方はいう。しかしもしあなた方か、あのひ弱いひよっこでさえ現実の真理にいたる生得的な性向を授けられていると考えているのであれば、ではなにゆえにあなた方は、人間だけにはこの自然の資質は与えられていない、と考えなくてはならないのか」(CP:5.591、括弧内は引用者の補足)。

人間の精神には本来、自然について正しい推測へとわれわれを導く自然的性向があり、つまり考えられうるあらゆる理論をいちいち吟味しなくても、有限回の推測によって唯一の真なる理論を考え当てることのできる本能的能力が備わっている、と考えなくてはなりません。パースは、この事実を確信することが真理を探究するあらゆる科学的企ての根底にあるもっとも基本的な前提であり、それを認めることができなければ、真理を学ぼうとするすべての企ては放棄しなくてはならない、といいます。「たくさんの仮説が試されるまえに、聡明的確な推測がわれわれを導いて、きわめて多数の考えられうる仮説をいちいち検討せずとも、あらゆるテストに耐えうる唯一の仮説に考えいたることができるような、そういう正しく推測する能力が人間の精神に備わっている、ということを確信できなければ、真理を突き止めることがわれわれにとってどれほど必要であろうとも、真理を学ぼうとするすべての企ては放棄したほうがよい」（CP:6.530）。この「正しく推測する能力」に対する信頼はあらゆるアブダクションの根底にある基本的な前提でもあります。すなわち、「人間精神は有限回の推測で正しい仮説を発見できるという意味において、真理と親近性があるということがあらゆるアブダクションの根底にある基本的な前提である」（CP:7.220）というのです。

　さてパースによると、人間の精神に備わるこの「正しく推測する本能的能力」というのは、人類進化の過程のなかで自然に適応するために必要な能力として発展してきたものです。つまり人間の精神はそれをとりまく自然の諸法則と対決しつつ、それらの自然の諸法則の影響のもとで進化発展してきていますので、それは本来、自然を理解し真理を把握するのにもっともよく適している、というのです。「人間の精神は自然の諸作用について正しい理論を推測するのに本来適している……自然は人間の精神のなかに観念を豊富に産み、そしてそれらの観念が成長すると、それらの観念はそれを産んだ父なる自然と似るようになるというのは、けっしてたんなる比喩的表現ではない」(CP:5.591)。「もし人間の精神がそれらの自然法則の影響のもとで発展してきたものであるとしたら、人間には当然、それらの法則について正しいあるいはほとんど正しい推測へと導くところの自然的光、あるいは自然の光、あるいは本能的洞察力、あるいは天性がある、というふうに考えなくてはならない」(CP:5.604)。あるいは、「わたくしが思うに、人間の精神は自然の諸法則の影響のもとで発展してきているので、そのために人間はある程度自然のパターンにしたがって自然に思考するということは疑いえない」(CP:7.39)。したがって、逆にいいかえれば、「人間には自然の性向と一致した自然的性向がなければ、自然を理解するチャンスはまったくない」(CP:6.477)、といわなくてはなりません。

このように人間の精神は自然の性向と一致した「合自然的」、「合法則的」性向を有するのですが、この合自然性、合法則性とはすなわち合理性を意味しており、したがってパースは人間には生得的に、自然について合理的に思惟し認識する能力が備わっていると考えている、ということができるでしょう。しかし人間のこの生得的な合理的思惟・認識能力について、パースはそれをカント的な意味での「アプリオリなもの」と考えているのではなく、かれのいう「アプリオリ」はたとえばコンラート・ローレンツの生物学的なアプリオリの考え方に近いものです。ローレンツはかれの論文「現代生物学の立場から見たカントのアプリオリ論」のなかで、つぎのように述べています。カントにとって、アプリオリな直観の形式やカテゴリー、およびその妥当性は「それ自体として存在している実在的自然の諸法則からは、原則的に独立しており、そこから生じてきたものではないと考えられている」[4]が、しかし「進化現象という疑いえぬ事実に直面しているわれわれには、もはやそうした考え方は許されない」[5]。「人間の理性は、それが備えているあらゆる直観の形式やカテゴリーを含めて、人間の頭脳と全く同じように、自分をとりまく自然の諸法則との絶え間ない相互作用の中で有機的に形成されてきたもの」[6]であり、「自然的外界の諸法則に系統発生的に適応していく過程の中で成立したもの」[7]である。「〈適応〉という言葉は……われわれの足が地面を歩くのに適しており、魚のひれが水中を泳ぐのに適しているというのと同じ意味で、われわれの直観形式やカテゴリーが実在的に存在するものに〈適している〉という意味で使われているにすぎない」[8]。

　パースは、さきほど引用した進化論的所見にくわえて、こう述べています。「どんなに知力の劣った者にも、時間や空間や力の諸観念が非常に役立ちかつ不可欠であるのは、それらの概念が自然淘汰の結果であるということを示唆しているようなものである。幾何学的、運動学的、機械学的諸概念のようなものがなくては、どんな動物も食物をつかむことはできないし、あるいは種の保存に必要なことはなしえないのである……動物たちのなかでも、（発育によって起こるような）新しい場面に直面しても、その機械学的諸概念が衰退するようなことがなかった動物は生存闘争にきわめて有利であったであろうように、これらの問題に関するますます正しい諸観念に対して、有利に不断の淘汰が行われるであろう」（CP:6.418）。人類進化の長い歴史のなかで人間は正しい諸観念や理論をますます多く獲得してきたが、それは生存闘争による自然淘汰の結果である、というのです。パースはしばしば、真理を推測し社会を形成する人間の本能的能力を、あらゆる動物の二つの基本的な本能――食物を摂取する本能および子を育てる本能――と比較して論じていますが、かれによると、食物を摂取するには食物をつかむ働きが必要で、それはいわば物理学（機械学的諸原理）の本能的応用であり、一方、子を育てる働きはいわば心理学（たがいに心を交え、社会的な絆を形成する心理学的諸原理）の本能的応用です。そしてパースは「あらゆる科学はこれら二つの本能から発達してきた自然の結果である」（CP:6.500）、といいます。「……うまく行っているあらゆる科学はそれらの科学の理論に関していえば機械学的（mechanical）か心理学的（psychological）かであった。さて、あらゆる動物にとって食物を摂取するにはある程度の機械学の諸概念が必要であり、とくに人間にとってはもっとも必要である。一方、自分の隣人たちの心のなかに起こっていることについて正しい観念をもつことは社会の存在にとって、したがって自分の種の繁殖にとって、必要である」（CP:6.491）。

パースは独自の解釈によって進化論的思想をかれの哲学に多々とり入れていますが、以上でみてきましたように、かれのアブダクション論においても、しばしば進化論的思想に言及し、人間の精神と自然の真理との親近性について論じています。人間の精神は自然との不断の相互作用を通して、それらの自然の諸法則に適応していく過程のなかで形成され発展したものであり、したがって当然、人間の精神にはそれらの自然の諸法則について正しく推測する本能的洞察力が備わっている、と考えなくてはなりません。そしてこのように考えますと、科学者たちが研究中に、偶然閃いて正しい仮説を思いつくという幸運な推測――パースのいう「アブダクティブな示唆」（洞察の働き）――は、科学的発見の行為というものを不可解な神秘のベールに包んでいる「非合理的要因」というものではなく、それは人間の精神の自然の働きであり、つまり人間の精神が自然の性向と一致し自然を理解するのによく適しているという進化論的事実を示す証左なのです。

アブダクティブな洞察力はそれだけでは真理に到達するのに十分ではありませんが、しかしそれは科学的探究者たちを「真理の方向へと導くところの諸影響力に一つの本質的な要因をくわえるもの」です。こうしてわれわれはまえに述べた結論にいたります。すなわち、アブダクションの二つの側面または特質――洞察の働きと推論の機能――は相容れないものではなく、それらはともに正しい仮説の形成に不可欠な働きであり、相補的な関係にある、ということです。

注

（1）エス・イ・ヴァヴィロフ著、三田博雄訳『アイザク・ニュートン』（東京図書、一九五八年）、一二一～一二二頁に引用。

（2）ウイリアム・H・デイヴィス著、赤木昭夫訳『パースの認識論』（産業図書、平成二年）、六一～六二頁。

（3）C. F. Delaney, *Science, Knowledge, and Mind: A Study in the Philosophy of C. S. Peirce*, University of Notre Dame, London, 1993, pp.15〜16.
（4）R・I・エヴァンズ著、日高敏隆訳『ローレンツの思想』（思索社、昭和五十四年）、二三一頁。
（5）同上、二三三頁。
（6）同上、二三二頁。
（7）同上、二三四頁。
（8）同上、二三七頁。

第四章　帰納とアブダクションはどのように違うのか

1　二つの拡張的推論

この章では、二種類の拡張的推論――帰納とアブダクション――の相違を示しつつ、さらにアブダクションの推論の形式と特質について考えてみることにしましょう。パースは演繹と帰納と仮説（アブダクション）のそれぞれの推論の様式を三段論法の形式でつぎのように示しています。

演繹　(1)この袋の豆はすべて白い（規則）、
(2)これらの豆はこの袋の豆である（事例）、
(3)ゆえに、これらの豆は白い（結果）。

帰納　⑴これらの豆はこの袋の豆である（事例）、
　　　⑵これらの豆は白い（結果）、
　　　⑶ゆえに、この袋の豆はすべて白い（規則）。

仮説　⑴この袋の豆はすべて白い（規則）、
　　　⑵これらの豆は白い（結果）、
　　　⑶ゆえに、これらの豆はこの袋の豆である（事例）。（CP:2.623）

演繹は、たとえば白い豆だけが入った袋があるとして⑴、この袋からいくつかの豆をとり出してみると⑵、もちろんこれらの豆はすべて白い⑶、というふうに推論しています。つまり白い豆だけが入った袋からとり出される豆はどれもすべて白い、ということはいうまでもない（必然である）、と言明しています。この演繹的推論の形式は、つぎのように書きかえてみるとわかるように、伝統的論理学の三段論法を代表する定言的三段論法のもっとも基本的な modus barbara と呼ばれるものです。

⑴この袋の豆はすべて白い、
⑵これらの豆はすべてこの袋の豆である、

(3)ゆえに、これらの豆はすべて白い。

しかし帰納と仮説（アブダクション）の場合は、それらの推論の形式を三段論法の形式で書き表わしてみると、いずれも三段論法の「周延の規則」に反しており、正しい三段論法になっていないことがわかります[1]。

しかしこのように三段論法もどきの形式で示してみると、帰納と仮説の違いはつぎのように説明できます。帰納の場合は、豆がいっぱい入った袋がここにあって、その袋のなかの豆がどんな色の豆かを知りたいとき、その袋のなかからたとえば手一杯の豆をサンプルとしてとり出して調べてみたら(1)、それらの豆は白かった(2)ということから、この袋のなかの豆はすべて白い(3)、と結論しています。つまり帰納は部分（サンプルとしてとり出した手一杯の豆）に関する情報（これらの豆は白いということ）にもとづいて、その部分が属する全体（袋のなかの豆全体）について、この袋のなかの豆はすべて白い、というふうに一般化を行っています。

これに対し、仮説（アブダクション）の場合は、ここに幾粒かの白い豆がこぼれていて(2)、これらの豆がどこからこぼれてきたものかがわからないとき、その近くにある袋のなかの豆がすべて白いこと(1)に気づいて、これらの豆は多分この袋からこぼれたものであろう(3)、というふうに推論しています。「わたくしがある部屋に入ってみると、そこにいろいろな違う種類の豆の入った多数の袋があったとする。テーブルの上には手一杯の白い豆がある。そこでちょっと注意してみると、それらの多数の袋のなかに白い豆だけが入った袋が一つあるのに気づく。わたくしはただちに、ありそうなこととして、あるいはおおよその見当として、この手一杯の白い豆はその袋からとり出されたものであろうと推論する。この種の推論は仮説をつくること（making a hypothesis）と呼ばれる」（CP:2.623)。

この例を、まえの章で示したアブダクションの定式化――「驚くべき事実Cが観察される、しかしもしHが真であれば、Cは当然の事柄であろう、よって、Hは真であると考えるべき理由がある」――にしたがっていいかえてみると、つぎのようになります。ここに幾粒かの白い豆がこぼれているのが観察される、そしてこれらの豆がいったいどこからこぼれてきたものかを知りたいとする。それが説明を要する「驚くべき事実C」です。しかし近くに白い豆が入った袋があることに気づいて、これらの豆は多分その袋からこぼれたものに違いない、と推測できます。それが説明仮説（H）です。すると、これらの豆がその袋からこぼれたものであろう（H）と考えれば、ここに白い豆がこぼれていること（C）は驚くにあたらない。よって、これらの豆は多分その袋からこぼれたものである（Hは真である）と考えるべき理由がある、と暫定的に結論できます。こうして思わぬところに白い豆がこぼれていること（驚くべき事実C）について、これらの豆がいったいどこからこぼれてきたものかということに説明を与え、われわれの疑念を合理的に解決することができます。

このように帰納は観察デ̇ー̇タ̇に̇も̇と̇づ̇い̇て̇一̇般̇化̇を̇行̇う̇推̇論̇であり、これに対し、アブダクションは観察データを説明するための仮説を形成する推論です。しかしうえに三段論法の形式で書き表わして示したように、帰納とアブダクションの推論の形式は形式論理の規則に反しており、論理的に（形式論理的に）妥当な推論の形式ではありません。ということは、つまり帰納もアブダクションもともに、推論の形式的妥当性や論理的必然性を犠牲にして、そのかわり、経験的事実の世界に関する知識を拡張するために用いられる拡張的推論である、ということを意味しています。しかしこの二種類の拡張的推論の間には、さらに重要な違いがあります。

2　帰納とアブダクションの違い

パースはいいます、「帰納と仮説の大きな違い（the great difference between induction and hypothesis）は、前者の場合はわれわれが事例のなかに観察したものと類似の現象の存在を推論するのに対し、仮説はわれわれが直接観察したものとは違う種類の何ものか、そしてわれわれにとってしばしば直接には観察不可能な何ものかを仮定する、という点にある。したがって、われわれの観察の限界をはるかに超えて帰納を広げて行くと、推論は仮説の性格を帯びるようになる。経験の限界をわずかに超える一般化を帰納は保証しないというのは馬鹿げており、そしてここからはわれわれの推論をそれ以上押し広げることはできないというような線を引くことはできない。推論をそれ以上押し広げて行けばそれはだんだん弱い推論になるというだけのことである。しかし仮りに帰納を非常に押し広げて行くとしたら、そういう拡張が、われわれに観察できるそしてわれわれが実際に観察するある事実を説明するものであることを知るまでは、われわれはそういう帰納の拡張をあまり信頼することはできない。こうしてここに、われわれはたがいに支持し合う帰納と仮説の一種の混合をみる。そして物理の理論のほとんどはこの種の混合なのである」(CP:2.640)。このパースの所見は、前半で帰納と仮説（アブダクション）の推論の様式の違いを明確に示していますが、後半ではこの二種類の推論がたがいに連続し支え合っているということ、両者の混合について述べています。われわれはまず前半の部分で述べられている帰納とアブダクションの相違を検討し、そのあとで両者の連続性・混合について述べることにしましょう。

帰納は「われわれが事例のなかに観察したものと類似の現象の存在を推論する」。いいかえると、帰納はわれわれが観察した事例（部分）においてある現象または性質が見出されるとしますと、それらの事例が属するクラス全体においても同じ現象または性質が見出されるであろう、というふうに推論します。たとえばコーヒー豆がいっぱい入っている袋があって、その袋のなかのコーヒー豆にはどれだけの不良品が含まれているかを知りたいとします。すると、われわれはその袋のなかから手一杯のコーヒー豆を無作為にとり出して、それらのコーヒー豆をサンプルとして調べてみます。そしてたとえばそれらのサンプルのうちのおよそ3パーセントが不良品であることがわかったとしますと、われわれはこの袋のなかのコーヒー豆には全体として同じようにおよそ3パーセントの不良品が含まれている、と結論します。このように、「帰納とはあることが真であるようないくつかの事例から一般化を行い、そしてそれらの事例が属しているクラス全体についても同じことが真である、と推論する場合をいう。あるいは、事例のある部分についてあることがいえることを見出して、それらの事例が属するクラス全体についても同じ割合で同じことがいえる、と推論することである」（CP:2.624）。

しかしアブダクションは帰納とはつぎの二つの点で違います。第一に、アブダクションは「われわれが直接観察したものとは違う種類の何ものか」を推論する。第二に、アブダクションは「われわれにとってしばしば直接には観察不可能な何ものかを仮定する」。まえの章で引用した例でいいますと、たとえば陸地のずっと内側で魚の化石が観察されるとしますと、この意外な事実を説明するために、われわれは魚の化石がみつかったこの一帯の陸地はかつては海であったに違いない、と考えます。この場合、アブダクションによって考えられた仮説的事態――すなわち魚の化石がみつかったその一帯の陸地が海であった太古の状態――と、いま陸地になっている状態とはまったく違う状態であり、そしてかつて海であった太古の状態はもはや物理的に観察不可能です。つまりアブダクションはわれわれが直接観察する事態（魚の化石などが残っている現在の陸地の状態）について説明するために、それらの事態とは違う種類の、しかも直接には観察不可能な事態（大昔海であったときの状態）を仮定し、遠く隔たったこの二つの事態を因果的に関連づけている推論です。たとえばニュートンの重力の仮説（この物理学の仮説はたとえば魚の化石に関する地質学的仮説とは仮説の性格は違います）も、いま述べたアブダクションの特性を顕著に示しています。重力というものは、われわれが直接観察するもの（支えられていない物体は落下するという実際の事例）のあり方とはまったく違う種類の仮説的なもののあり方であり、そしてそれは直接には観察不可能なものです。

　帰納とアブダクションの違いについて、パースはさらにこう述べています。「いいくわえておくと、一般的にいって、仮説的推論の結論は帰納的に到達しうるものではない、なぜならその結論は個々の事例において直接観察可能なものではないからである。また帰納の結論は、その一般性のゆえに、仮説的推論によって達することはできない。たとえばナポレオン・ボナパルトがかつて実在したというような歴史的事実はすべて一つの仮説である。われわれはその事実を信ずる。なぜなら、その事実の結果――わたくしが意味しているのは通常の伝統、歴史、遺跡などである――が観察されるからである。しかし観察された事実のたんなる一般化はけっしてナポレオンが実在したということをわれわれに教えることはできない」（CP:2.714、傍点は引用者による）。ナポレオン・ボナパルトという名前の支配者が実在したということは十分に確認された事実であり、われわれはこの事実を信じていますが、しかしそれはいまではもはや物理的に観察不可能な過去の事実に言及している一つの仮説です。われわれがこの仮説は真であると考えるのは、ナポレオンに関連した無数の文書や遺跡などが残っているという結果的諸事実によるものです。しかしナポレオンが過去に実在したという歴史的仮説は、それらの観察された結果的諸事実から帰納的な一般化によって導き出されたものではありません。帰納の結論は一般性を主張します。つまり帰納は一般的事象（一般化の対象となるある種の事象のクラス）にのみ適用されるのであり、したがって帰納の結論は一般的（全称的）な立言（general statement, universal proposition）なのです。

しかし、たとえばナポレオンが実在したという仮説は過去に起こった特定の一回的事実について言明している単称的立言（singular proposition）であり、したがってそれは帰納（一般化）の結論ではありません。パースが「仮説的推論の結論は帰納的に到達しうるものではない」、あるいは「観察された事実のたんなる一般化はナポレオンが実在したということをわれわれに教えることはできない」といっているのは、そういう意味です。ナポレオンがかつて実在したという歴史的仮説は、ナポレオンに関連した無数の文書や遺跡が残っているという結果的諸事実から、それらの事実をもたらした過去の出来事へと遡って推測しているのであり、それはいわば結果からその原因へと遡及推論（リトロダクション）を行っているのです。つまりナポレオンに関連する無数の文書や遺跡などが観察されるという結果的諸事実を説明するには、ナポレオンが過去に実在したと考えなければならない、というふうに推論しているのです。ナポレオンに関連した文書や遺跡などの諸事実が多くみつかればみつかるほど、それらの事実によってナポレオンが実在したという歴史的仮説は帰納的に確証されますが、しかしこの仮説自体は帰納的に導かれるものではありません。

3　「帰納的飛躍」と「仮説的飛躍」

では、さきほど引用した帰納とアブダクションの相違に関するパースの所見の後半の部分について考えてみましょう。この部分は帰納とアブダクションの連続性と混合について述べていますが、しかし両者を混同してはなりません。ある論者はこの後半の部分を引用して、「帰納とアブダクションの〈混合〉について云々するよりも、アブダクションは低次の創造であり、あらゆる帰納はアブダクションを含むというべきであると、われわれには思われる。つまり、帰納はアブダクションのひとつの型と見るほうが適切である[2]」と述べています。しかしもしこの見方が正しいとしたら、さきほど引用した帰納と仮説（アブダクション）の相違に関するパースの所見ははなはだしい自己矛盾をおかしているということになります。つまりパースは帰納とアブダクションをたがいに違う二種類の拡張的推論として明確に区別している同じ箇所で、同時に両者の区別を否定して、「帰納はアブダクションに解消される」と唱えている、ということになります（これとは逆に、アブダクションを帰納の一種とみる見方もあります）。しかしこうした見方は、パースが提唱しているアブダクション（またはリトロダクション）という新たな推論の概念をまったく無意味にし、あるいはパースが明確に区別している基本的に違う三種類の推論――演繹・帰納・アブダクション――という三分法の推論の概念そのものを否定することにほかならず、はなはだしい誤解である、といわなくてはなりません。

帰納とアブダクションはともに経験にもとづく拡張的推論であり、それらは経験的にたがいに連続し支え合っています。「たがいに支持し合う帰納と仮説の一種の混合」といういい方は両者の連続性を強調し、科学の理論は両者がたがいに支持し合って成り立っているということを意味しているのであり、けっして一方を他方に解消させる――つまり帰納をアブダクションに、あるいはアブダクションを帰納に解消させる――というものではありません。帰納とアブダクションは共通の経験的基盤のうえに成り立っていてたがいに密接にかかわり合っていますが、しかしそれらの推論の様式には顕著な違いがあり、両者は異なるタイプの推論であることはすでにみてきたとおりです。

帰納とアブダクションの違いについて、さらに、この二種類の拡張的推論の「拡張的」機能における「飛躍」(leap, jump)という観点から考えてみましょう。拡張的推論の場合は前提から結論にいたる推論の過程にある種の「飛躍」があり、つまり拡張的推論の「拡張的」機能はある種の「飛躍」によって達成されるのです。そして帰納とアブダクションの「拡張的」機能の違いはそれらの推論における「飛躍」の違いにあります。帰納は「われわれが事例のなかに観察したものと類似の現象の存在を推論する」。すなわち、帰納的推論における「飛躍」――いわゆる「帰納的飛躍」(inductive leap)――はわれわれが事例のなかに観察した着目現象はそれらの事例と同種の事象のクラス全体においても存在するというふうに、既知の部分からその部分が属する未知のクラス全体への飛躍であり、それはつまり同種の観察可能な事象のクラス内における一般化の飛躍です。これに対し、アブダクションにおける「飛躍」――まえにも述べましたが、それを「仮説的飛躍」（abductive leap）と呼ぶことにしましょう――は、「われわれが直接観察したものとは違う種類の何ものか、そしてわれわれにとってしばしば直接には観察不可能な何ものかを仮定する」、いわば創造的想像力による推測の飛躍です。

帰納は、たとえば支えられていない物体は落下するという事例から一般化を行い、同じことはまだ観察されていない他のあらゆる物体についてもいえる、つまりすべての物体は支えられていないときには落下する、と推論します。そしてそれらのまだ観察されていない他の物体の落下の現象は観察しようと思えば直接観察可能なものです。しかし支えられていない物体が落下するという事実をどれだけ多く観察してみても、あるいはそれらの観察された事実をどれだけ緻密に分析してみても、それらの事実のなかに「重力」というものをみることはできません。諸物体の落下の現象に関する帰納的一般化をどんなに押し広げてみても「重力」の概念にはいたりません。

W・ニールの言葉を借りて、たとえば個々の物体の落下の現象のようにわれわれにとって直接観察可能な対象を「知覚的対象」（perceptual objects）と呼び、そしてたとえば重力のように直接には観察不可能な理論的対象を「超越的対象」（transcendent objects）と呼ぶことにしますと、帰納的飛躍はわれわれにとって直接経験可能な知覚的対象の範囲内におけるある一群の事例からそれらの事例と同種の事象のクラス全体について推論する一般化の飛躍ですが、しかし仮説的飛躍（重力の仮説）は、われわれの目のまえにあるたとえば机や椅子などの知覚的対象はいま現にたがいに引き合って動いてはいないが、しかしそれらの物体はたがいに「引力」という目にみえない力の作用を及ぼし合っており、そして同じ「引力」が全宇宙に広がっている、というふうに、「われわれの観察の限界をはるかに越えて」、われわれが直接観察したもの（個々の物体の落下の現象）とはまったく違う種類の、しかも直接には観察不可能な超越的対象（重力）の概念を確立し、宇宙のあらゆる物体の運動を統一的に説明しうる新しい概念化、理論化にいたっています（E・マッハはニュートンの創造的想像力、総合的能力を「強力なファンタジーの飛翔」と呼んだそうです）。このニュートンのアブダクティブな思索と推論における「仮説的飛躍」は通常の経験的一般化の帰納的飛躍とは基本的に違うものであることは明らかでしょう。

たとえばボイルの法則と気体分子運動論の場合を考えてみましょう。ボイルは気体の性質を研究し、気体の体積と圧力の関係を調べた結果、温度が一定のとき気体の体積はその圧力に反比例するという法則を発見しました。これは帰納的一般化によって定式化された経験法則の例です。この法則は観察された気体の事例のなかに見出された規則性（温度が一定のとき、気体の体積と圧力の間に成り立つ規則性）はあらゆる気体において成り立つ、と推論しています。つまりこの帰納的推論における帰納的飛躍は、われわれが観察した気体の性質はまだ観察されていないあらゆる気体においても同様に存在し、そしてその性質は観察しようと思えば直接観察可能である、というふうに、同種の直接観察可能な知覚的対象のクラスにおける部分から全体への飛躍です。しかし気体分子運動論というのは、気体が無数の分子からできていて、それらの気体分子はさまざまの方向に違う速度で乱雑に運動している、という仮定にもとづくものです。それはつまり直接観察可能な気体の性質に関する経験法則について、その法則がなぜ成り立つかを説明するために、それらの観察された気体の性質とはまったく違う種類の、しかも直接には観察不可能な「気体分子の運動」（超越的対象）を仮定しているのです（しかしアブダクティブな推論は超越的仮説の形成にのみかかわるのではなく、たとえばボイルの法則のような経験法則の発見、あるいは新しい事実の発見など、事実・法則・理論のあらゆる次元における仮説の形成と発見にかかわるのであり、このことについてはのちほど、アブダクションによって形成される仮説の種類の分類のなかで述べます）。

ところでパースによると、たとえばボイルの法則のような定式化は「観察の結果を一般法則の形式で記述する方法としては非常に役立つけれども、しかしそれは科学的発見のなかでは高い地位を占めるものではない」（CP:2.637）。このような帰納的一般化による法則の定式化よりも、それらの経験法則（ボイルの法則など）を説明するために考え出された気体分子運動論のほうが、はるかに科学的価値の大きい仮説であり、すぐれた科学的発見です。なぜなら、そういう仮説は「きわめて多数の他の違う種類の観察事実と関係づけられることはいうまでもなく、それはとりわけ熱力学によって支持される」（CP:2.639）からです。

4　パースによる四つの理由

パースは帰納とアブダクションを区別する理由として、以上で述べた理由も含めて、四つあげています。第一の理由は、帰納はアブダクションよりも「いっそう強力な種類の推論」であるということです。「帰納は、明らかに、仮説よりもいっそう強力な種類の推論であり、そしてこのことが両者を区別する第一の理由である」(CP:2.642)。そしてこの第一の理由はつぎの第二の理由から帰結します。第二の理由は、たびたび述べていますように、「帰納の本質はある一群の事実から同種の他の一群の事実を推論するというところにあるが、これに対し、仮説はある一つの種類の事実から別の種類の事実を推論する」、そして「仮説的推論は非常にしばしば直接観察のできない事実を推論する」(CP:2.642)、ということです。この第二の理由は帰納とアブダクションを区別するもっとも本質的な違いを示しており、われわれはさきほどその違いを、さらに帰納とアブダクションにおける推論の「飛躍」の違いとして──つまり「帰納的飛躍」と「仮説的飛躍」の違いとして──論じました。帰納における前提と結論の関係は同種の事象の間の関係であり、帰納的飛躍はある一群の事実を同種の他の一群の事実と関連づける飛躍です。しかしアブダクションにおける飛躍(仮説的飛躍)は一つの種類の事実の観察からそれとは別の種類の、そしてしばしば直接には観察不可能な事実を推論する飛躍です。ですから、仮説的飛躍は帰納的飛躍よりもいっそう可謬性の高い飛躍であり、つまりアブダクションは帰納よりも「弱い種類の推論」である（あるいは帰納はアブダクションよりも「強力な種類の推論」である）、ということができます。

第三の理由は、帰納と仮説（アブダクション）の間に存在する「ある重要な心理学的あるいはむしろ生理学的な相違」です。パースはこう述べています、「仮説は思想の感覚的要素を生み出す、そして帰納は思想の習慣的要素を生み出す」（CP:2.643）。「帰納は規則を推論する。さて、規則の信念は習慣である。習慣がわれわれのうちに作用している規則であることは明らかである」。「したがって帰納は習慣形成の生理学的過程を表わす論理式である」（CP:2.643）。仮説は感覚的要素を生み出すというのは、たとえば「オーケストラの種々の楽器から発するさまざまの音が耳を打つと、その結果、楽器の音そのものとはまったく違うある種の音楽的情態が生ずる。この情態は本質的に仮説的推論と同じ性格のものであり、すべての仮説的推論はこの種の情態の形成を含んでいる」（CP:2.643）ということです。デイヴィスの言葉を借りていいかえると、仮説（アブダクション）には「心が事物をある方向で見る結果、事物がおのずから結び合って、心が調和と統一の感覚を持つこと――がともなう」[3]。「生理学的に」いえば、つまり仮説は心を統一し開放する情態的性質を生み出し、帰納は規則や習慣を形成する過程を表わします。帰納は経験を重ねる過程のなかで規則（習慣）を形成し、アブダクションはたとえば種々の楽器の音からそれらの音そのものとはまったく違う調和的な音楽的情態を生み出すように、経験の諸要素を結合統一し、まったく新しい観念を生み出すのです。この帰納とアブダクションの生理学的な違いを理解するにはパースの現象学的カテゴリー概念——第一次性（性質、情態、可能態）、第二次性（事実、個体性、現実態）、第三次性（法則、習慣、一般性）——について説明しなくてはなりませんが、しかしいまはこのカテゴリー概念には立ち入りません（詳しく知りたい読者は拙著『パースの記号学』（勁草書房）の第二章「現象学とカテゴリー」（pp.43〜90）、および第四章「諸記号の概説」の「論証の三分法——演繹、帰納、アブダクション」（pp.173〜188）を読んでいただきたいと思います）。パースのカテゴリー概念でいえば、アブダクションは推論の三分法における第一次性の概念であり、帰納は第三次性の概念です。

　そして最後に、帰納と仮説（アブダクション）を区別する第四の理由はこの区別が諸科学の分類に役に立つということです。パースによると、たとえば分類的諸科学（植物学、動物学、鉱物学、化学など）は帰納的であり、理論的諸科学（天文学、純粋物理学など）、あるいは仮説の科学（地質学や生物学など）は仮説的である、というふうに分類できます。

　われわれは以上で、帰納とアブダクションの推論の形式および特質の違いについて述べましたが、しかしこうした相違にくわえて、さらにこの二種類の拡張的推論のもっとも重要な違いは、それらの推論が実際の科学的探究において果たす機能・役割の違いにあります。われわれはつぎの第五章で、帰納とアブダクションを実際の科学的探究の過程のなかに位置づけて、生きた探究の過程のなかでそれらがそれぞれどのように機能し、どんな役割を果たすかを考察しつつ、この二種類の拡張的推論の違いについてさらに詳察したいと思います。

5　仮説の種類

しかしそのまえに、ではアブダクションによって形成される諸仮説にはどんな種類のものがあるかをみておきましょう。アブダクションは事実の発見、法則の発見、理論の発見などのあらゆるレベルにおける発見にかかわります。そしてこうした違うレベルにおける発見においてはもちろん違う種類の仮説が形成されます。われわれはこれまでアブダクションによって形成されるいろいろな仮説の例をあれこれあげてきましたが、それらの仮説は概ねつぎの四種類に分類できます。

たとえば、まえに（第三章で）引用したパースの仮説の例(1)、(2)、(3)（五四〜五頁）はすべて事実の発見に関する仮説です。しかしそれらの仮説はさらに二種類に分類できます。その第一の種類は直接観察可能な事実の発見に関する仮説です（パースは仮説は「しばしば直接には観察不可能な何ものかを仮定する」と述べていますが、「しばしば」といういい方をしているのは、仮説はいつも観察不可能なもののみを仮定するとは限らない、観察可能な事実に関する仮説もある、ということを意味していますす）。つまり仮説が提案された時点ではまだ観察していないが、しかし観察しようと思えば直接観察できる事実の発見に関する仮説があります。たとえばまえにあげたパースの仮説の例(1)――トルコのある港町で出会ったある重要な人物らしい人はこの地方の知事に違いないと推論する場合――が、その第一の種類の仮説にあたります。この仮説を思いついた時点ではまだその人が本当にこの地方の知事かどうかはわかりませんが、しかし確かめようと思えば直接知事室に行って確かめることができます。科学的発見の例では、たとえばイギリスの天文学者アダムスとフランスの天文学者ルベリエがたがいに独立に第八番目の惑星・海王星の存在を理論的に予言したあの有名な仮説はこの第一の種類の仮説に属します。つまりそれは観察可能な一回的事実の発見に関する仮説なのです。仮説の科学的重要性ということを抜きにしていえば、観察可能な事実に関する仮説（海王星の存在は望遠鏡による観察で確かめられる）という点では、天王星の外側に未知の惑星（海王星）が存在するのではないかと予言した仮説は、トルコの港町で出会った意外な人物はこの地方の知事ではないかと予言した仮説と同じ種類のものです。

　事実の発見に関する仮説の第二の種類は、物理的に直接には観察不可能な事実に関する仮説です。まえにあげたパースの仮説の例(2)と(3)の場合――魚の化石がみつかったその一帯の陸地はかつては海であったという、もはや物理的に観察不可能な太古の状態について推測している地質学的仮説や、ナポレオン・ボナパルトという名前の支配者が実在したという過去の事実に言及している歴史的仮説など――が、事実の発見に関する第二の種類の仮説です。人類史に関する考古学的、人類学的、民俗学的、歴史学的な諸仮説、あるいは地球形成史に関する地質学的仮説などは、この第二の種類の仮説に属します。

第三の種類は、法則の発見に関する仮説です。たとえばボイルの法則は帰納法によって発見された経験法則の例としてよくあげられますが、しかしこのような単純な経験法則の発見の場合にも、それはある物理量はもう一つの物理量の関数であるという仮説を前提にしているのです(4)。つまりボイルの法則はあらかじめ気体の温度や体積や圧力の間に何らかの関係があるのではないかということが仮説的に考えられていて、その仮説にしたがって一定の温度のもとで気体の体積と圧力の関係を実験的に調べた結果、見出されたものです。その場合、ある物理量はもう一つの物理量の関数である（たとえば気体の体積と圧力の間には関数関係が存在するであろう）という仮説そのものは帰納法によってえられたものではありません。その仮説は帰納に先立って、帰納的観察のための着目事象（温度を一定にして気体の体積と圧力の関係を調べてみよ、という着目事象）を予示しているのです。このようにあらかじめ着目事象が示されなければ、帰納法は何について観察を行い、どんな性質について一般化を行うのか、わからないでしょう。つまりボイルの法則の発見はたんなる帰納的一般化によるものではなく、それは最初に気体の体積と圧力の間に何らかの関数関係があるのではないか、ということに着目するように示唆したアブダクションによるものと考えるのが至当でしょう。着目事象の予示なしには帰納法を用いることはできないのであり、あらかじめ仮説の提案がなければ帰納法は成り立たないのです。

そして第四の種類の仮説は、その仮説がはじめて提案された時点では実際的にも原理的にも直接には観察不可能な純粋に理論的な対象と考えられていたものに関する仮説（ニールが「超越的仮説」と呼んでいるもの）です。たとえば万有引力の原理、気体分子運動論などがこの種の仮説に属します。そしてパースによると、この第四の種類の仮説が本来のもっともすぐれた科学的仮説であり、とくに科学的価値の大きいものです。なぜなら、第一に、この種の仮説はたいてい他の多くの重要な仮説を含意し、科学的に実り多い帰結を生むからであり、そして第二に、それらの仮説はもっとも一般的普遍的な性格を有し、したがって多くの事象およびそれらの事象間の関係を説明することができるからです。

（1）三段論法の形式で書き表わしてみると、帰納は三段論法の小前提と結論から大前提を推論するという形式になっており、仮説（アブダクション）は大前提と結論から小前提を推論するという形式になっています。こうした帰納と仮説の推論の機能について、パースはつぎのように述べています。「帰納の機能は一連の多数の主語を、それらの主語および他の無数の主語を包含するただ一つの主語によって置き代えることである。こうしてそれは〈多様性の統一体への還元〉の一種である」(CP:5.275)。そして「仮説の機能は、それら自体では統一体を成していない多数の述語を、それらの述語をすべて含み、（多分）他の無数の述部も一緒に含む、ただ一つの述語によって置き代えることである。したがってそれも多様性の統一体への還元である」(CP:5.276)。

（2）ウイリアム・H・デイヴィス著、赤木昭夫訳『パースの認識論』（産業図書、平成二年）、四〇頁。

（3）同上、七八頁。

（4）Carl G. Hempel, *Philosophy of Natural Science*, Prentice-Hall, Inc., Englewood Cliffs, N.Y. 1966, p.15.

第五章　科学的探究における帰納とアブダクション

1　科学的探究の三つの段階

われわれはまえの第四章で帰納とアブダクションの違いについて述べましたが、この二種類の拡張的推論はさらに、実際の科学的探究の過程においてそれらが果たす役割も、それらがとり扱う事実も、そしてそれらが行う観察もすべて違います。パースは実際の科学的探究の過程のなかに帰納とアブダクションを位置づけて、そのなかでこの二種類の拡張的推論が果たすそれぞれの機能・役割の違いを示すことによって、探究におけるアブダクションの働きをいっそう明確に示すとともに、さらに帰納の概念に関しても独創的な方法論的思想を確立しています。

さてパースによると、科学的探究の過程は三種類の推論――演繹、帰納、アブダクション――から成り立っており、そしてそれらの三種類の推論は科学的探究の過程における三つの段階を形成しています。すなわち、その第一段階はアブダクションであり、第二段階は演繹であり、第三段階は帰納です。この三段階について概要的に述べますと、まず、「あらゆる探究はある驚くべき現象、つまり期待にそむくか、あるいは探究者の期待の習慣に突然割り込んでくるある種の経験の……観察において起こる」。そこで、「探究はその驚きが解決されるような何らかの見解を求めて、それらの驚くべき現象をそのあらゆる側面において考察することからはじまる」。そして、「遂に、ある推測が生じて、その推測がある可能な説明を与えてくれる」(CP:6.469)。このように、ある驚くべき現象の観察から出発し、その現象がなぜ起こったかについて何らかの可能な説明を与えてくれる仮説を考え出すのがアブダクションであり、それが探究の第一段階です。

探究の第二段階を成すのは演繹です。この段階はアブダクションによって提案された仮説の検討からはじまります。そしてこの段階で行われることは、もしその仮説が真であるとしたら、その仮説からどんな経験的諸帰結が必然的にあるいは非常に高い確率で導かれるかを示すことであり、つまり仮説から実験観察可能な諸予測を演繹的に導出することです。「仮説が採択されるとただちに行われる最初のことがらは、その仮説から必然的にかつ確率的に導かれる実験的諸帰結を追求することである。この段階が演繹である」(CP:7.203)。われわれはまえに、演繹は分析的推論であると述べました。分析的推論というのは、前提にすでに含意されている内容を分析解明し、それを結論において明確にするために用いられる推論です。そこで分析的な演繹的推論が科学的探究において果たす役割は、アブダクションによって提案された仮説の内容を分析し、その仮説に含意されている諸予測を導出することであり、それらの予測を実験的テストにかけられるように明確に示すことです。つまり探究の過程における演繹の分析的機能は二つの部分から成ります。第一に、「仮説を解明すること、すなわち仮説をできるだけ完全に明確にすること」、そして第二に、仮説の内容が解明されると、「解明に続いて証明、あるいは演繹的立証が行われる」（つまり、もしその仮説が真であるとしたら、その仮説からどんな結論が必然的に導かれるか、という演繹的立証が行われる）（CP:6.471）。

そして探究の最後の段階が帰納です。「演繹の目的は仮説から導かれるすべての帰結を集めることであるが、それが十分に遂行されると、探究はその第三段階に入る。つまりそれらの帰結がどれだけ経験と一致するかを確かめる、そして仮説が経験的に正しいか、それとも本質的でない何らかの修正が必要か、あるいはまったく拒否すべきであるかを判断する段階に入る。そういう特性を有する思惟が帰納である」（CP:6.472）。「帰納の仕事はリトロダクティブな手続きによってすでに提案されているある仮説をテストすることであり、帰納がとるべき唯一の健全な手続きはまずその仮説からそれが示唆するものを受けとり、それが仮定的に行う経験の予測をとり上げることであり、そして実験を行い、その仮説が実質的に予測している通りになるかどうかをみることである。探究を通してわれわれは、われわれが行っている研究の特定の段階において何を達成しようとしているかをはっきり念頭に置くべきである。さて帰納的段階に達すると、われわれが求めるのはわれわれの仮説がどれだけ真理に近いか、つまり仮説が予測しているもののうちどれだけの割合が験証されるかを見出すことである」（CP:2.755）。探究は仮説の検証をもって一応完結するが、その仮説が最初に観察された変則的な現象を正しく説明しているかどうかを経験的事実に照らして実験的にテストするのが帰納の役割です。

いま述べました探究の三段階の過程について、たとえばよく引き合いに出される有名な海王星の発見の例で考えてみましょう。海王星を理論的に予言したのはイギリスのアダムス（一八一九〜九二）とフランスのルベリエ（一八一一〜七七）ですが、かれらは天王星の位置を天王星の摂度を考えに入れて正確に計算したところ、すでに知られている惑星の摂度を考えるだけでは実測値に合わないことを知りました。しかしかれらは計算の基礎にあるニュートンの理論を捨てるかわりに、ほかに未発見の天体が天王星の外側にあって、それが天王星の軌道に影響を及ぼしているのではないか、と考えてみたのです。そこで天王星の軌道に影響を与えていると思われる未知の天体の軌道と質量が計算で求められました。そしてベルリン天文台のガレによって、未知の天体（海王星）がほとんど予言通りの位置に発見されたのです。

この発見の過程をみますと、まずある意外な驚くべき現象があります。アダムスとルベリエは当時天文学者たちの間で問題になっていた天王星の異常な運動という変則性（驚くべき事実）に注目し、それは何が原因で起こるのかという問題を解決するために探究をはじめたのです。そしてかれらはいろいろ可能な原因を調べて、熟慮の結果、天王星の外側に未知の天体が存在するのではないかという仮説がもっともらしいと考えました。この変則性を説明するために、計算の基礎にあるニュートンの理論に不備があるのではないかという考え方もありましたが、しかしアダムスとルベリエはニュートンの理論は正しいと考えたうえで、ほかに未知の天体が天王星の軌道に影響を与えているのではないかと考えたのです。ここまでが、アブダクションの段階です。それからかれらは、もしその仮説が正しいとしたら、その仮説からどんな予測が必然的に導かれるかを推論しています。つまりその仮説が真だとしたら、未知の天体の軌道要素はどのようなものでなくてはならないかを計算で求め、それをもとに未知の天体の位置を予測したのです。この計算と推論が演繹です。そしてベルリン天文台のガレが、その予言にしたがって観測した結果、海王星が発見されたのです。こうしてアダムスとルベリエの仮説は観測によって確証されましたが、この確証には天王星の外側にみつかった新しい天体は恒星ではなく真正の惑星であるということを確認する観測も含まれています。このように観測事実に照らして仮説の検証を行うのが帰納の役割です。

ところで天王星の軌道のズレという変則性を説明するために、ルベリエは未知の惑星の存在という仮説のほかにも、たとえば抵抗エーテルの存在とか、天王星のまだ発見されていない大きな衛星とか、ある重要な時期に起こる彗星との衝突とか、ニュートンの理論は破れているのではないか、というふうに、いろいろな仮説を考えてみました。そしてルベリエは入念な検討の結果、未知の天体が存在するという仮説を採択したのです。ニュートンの重力の法則の変更については、ルベリエはそれを最後の手段と考えていたようです(1)。つまり他のすべての仮説が否定されるまではその手段をとらずに、ニュートンの理論を計算の基礎に用いたのです。このようにルベリエは考えられうるいろいろな仮説のなかから、熟慮ののちに、もっともらしい仮説として未知の惑星の存在という仮説を採択し、そしてかれは厳密な計算で（演繹的に）その未知の惑星の軌道要素を確認し、その位置を理論的に予測したのです（アダムスによる未知の惑星の位置の予測もルベリエの予測とほとんど一致していました）。その予測はガレの望遠鏡による観測で確証され、それは理論的予測による見事な発見の例として、「天体力学の勝利」とうたわれたのです。この海王星の発見ではアブダクティブな推論による仮説の形成とその仮説から導かれる予測がとくに重要な役割を果しています。

2　「アブダクティブな観察」と「帰納的観察」

まえにあげた例ですが、たとえば陸地のずっと内側で魚の化石が見つかるのはなぜか、という問題を解決するための探究について考えてみましょう。この場合も、まず探究の最初の段階において問題解決の糸口を求めて、いろいろな仮説が立てられます。われわれはまえに、この問題を解決するのに、魚の化石がみつかったこの一帯の陸地はかつては海であったに違いないと考えるのがもっとも理にかなった仮説であろうと述べましたが、しかしほかにも説明仮説はいろいろ考えられます。この問題の魚の化石らしいものは、たとえば異星人が他の天体からもってきたものかも知れない、あるいは恐竜の糞の化石かも知れない、あるいは太陽光線の異変によって生じたものかも知れない、あるいは岩石の何らかの化学変化によって生じたものではないか、等々。そういう考えられうるいろいろな仮説を検討した結果、そのなかからもっとも理にかなった仮説として採択されたのが、たとえば魚の化石が見つかったこの一帯の陸地はかつては海であったという仮説であるとします。ここまでが探究の第一段階、つまりアブダクションの段階です。つぎに、その仮説から経験的に検証可能などんな予測が導かれるかを考えてみます。つまり、もしその仮説が真であるとしたら、この一帯の陸地をもっと広く踏査してみれば、すでにみつかった魚の化石のほかにも、そこがかつては海であったということを証拠立てる他の魚介類の化石とか、その他の地質学的諸事実がもっと多くみつかるはずである、と予測できます。このような予測を導き出す思惟が演繹であり、それが探究の第二段階を成します。そしてこの場所一帯をできるだけ広く踏査して、他の魚介類の化石やその他の地質学的諸事実を調べ、アブダクションによって提案された仮説が予測した通りになるかどうかを確かめます。つまり仮説が予測していることがどれだけ経験的事実と一致するかを確かめるのです。それが探究の第三段階における帰納の役割です。つまり帰納の役割は最後に仮説の確証または反証を行うことです。

ところで、たとえば陸地のずっと内側に魚の化石のようなものをみつけたとしても、この現象について何の驚きも変則性も感じない場合は、人はこれについてあえて探究しようとは思わないでしょう。これが意外な驚くべき事実であることに気づき（それを重要な事実として認識し）、この事実について説明を求めたいと考えたときに、はじめて探究が行われるのです。そこで探究者は、化石学や地質学や化学や海洋科学などの知識をもとにして、いま述べたようないろいろ考えられうる仮説を検討しながら、それらの仮説のなかからもっともらしい仮説を暫定的に選んで探究を進めるでしょう。しかし考えられうる仮説のなかでどれを採択してよいかわからない場合は、もっともらしい仮説にいたるまでそれらの仮説を検討するか、あるいはこれまで考えていた仮説に修正をくわえるか、それともこれまでの仮説をすべて捨てて新たに仮説を立て直すか、このように仮説を立てたり立て直したりしながら、探究を進めることになるでしょう。そういうふうに仮説を立てたり立て直したりしながら問題解決の突破口を見出し、探究を方向づけるのがアブダクションの働きです。こうして探究はアブダクションによって導かれるのであり、探究がうまくいくかどうかはアブダクションの方法、仮説の立て方いかんにかかっています。

以上でみてきましたように、帰納とアブダクションは探究の過程においてそれらが占める位置も、それらが果たす機能も違います。アブダクションは探究の最初の段階（発見の文脈）において仮説を形成する推論であり、帰納は探究の最後の段階（正当化の文脈）において仮説がどれだけ経験的事実と一致するかを確かめ、仮説を確証ないし反証する操作です。したがって帰納とアブダクションは探究においてそれらがとり扱う事実も、それらが行う観察も違います。パースはいいます、「アブダクションは理論を求める。帰納は事実を追求する。アブダクションでは事実を検討することによって仮説が提案される。帰納においてはその仮説の検討から、まさにその仮説が指し示してきた事実そのものを明らかにするような実験が提案される」(CP:7.218)。アブダクションがとり扱う事実は、最初にわれわれの疑念と探究を引き起こした意外な「驚くべき事実」であり、アブダクションはその意外な「驚くべき事実」をそのあらゆる側面において考察することによって、それを説明しうる仮説や理論を提案します。つまりアブダクションがとり扱う事実は説明を要する事実です。ですからアブダクションが行う観察――「アブダクティブな観察」(abductive observation) と呼んでおきましょう――は仮説や理論を発案する、いわば着想のための観察です。これに対し、「帰納は事実を追求する」。帰納の役割はアブダクションによって提案された仮説や理論を実験的にテストするのに必要な実証的諸事実を追求し、それらの事実をできるだけ多く集めることです。つまり帰納が行う観察――「帰納的観察」(inductive observation) と呼んでおきましょう――は仮説や理論の確証ないし反証を行うための実験的実証的観察なのです。

3　仮説演繹法との違い

われわれは以上で、演繹・帰納・アブダクションの三種類の推論から成る科学的探究の過程について考察し、とくに帰納とアブダクションの「拡張的」機能の違いをみてきました。このパースの考え方は、科学的探究の方法に関する帰納主義 (inductivism) の考え方（帰納法を科学的知識の発見および正当化の両方にかかわる唯一の拡張的推論の方法と考える立場）と異なるだけでなく、それはまた、現代の科学哲学において有力な、科学理論の成立に関するいわゆる「仮説演繹法」(hypothetico-deductive method) の考え方とも違います。帰納主義の考え方についてはつぎの第六章で検討することにして、ここではアブダクションと仮説演繹法の考えの違いについて述べたいと思います。

仮説演繹法というのは、ある哲学事典によると、科学理論の形成はつぎのような過程または段階を経て行われるという考え方です。すなわち、「(1)仮説の設定。(2)その仮説より実験観察の可能な命題の演繹。(3)その命題の実験観察によるテスト。(4)その結果が満足なものであれば、さきの仮説の受容。ただしその結果が不満足なものであれば、さきの仮説は修正または破棄される」[2]。この考え方は、一見、われわれがこれまで論じてきたパースの科学的探究の過程に関する考え方と一致しているようにみえます。つまり、(1)は探究の第一段階（アブダクションの段階）、すなわちアブダクションによってある仮説や理論が発案される段階であり、(2)は探究の第二段階（演繹の段階）、すなわち演繹によってその仮説や理論から実験的テストの可能な諸命題（予測）を導出する段階であり、そして(3)と(4)は探究の第三段階（帰納の段階）、すなわち帰納によってそれらの命題（予測）を事実に照らして実験的にテストし、実験的テストの結果、問題の仮説や理論は受け入れられるか、あるいは何らかの修正が必要か、それとも破棄されるか、を験証する段階です。

しかし一見よく似ているこの二つの考え方には基本的に重要な違いがあります。もっとも基本的な違いは、⑴の「仮説の設定」をめぐる考え方の違いです。仮説演繹法は仮説の形成にはかかわりません。仮説を形成するための演繹的方法というものは存在しないからです。仮説演繹法を説く論者たちは演繹的推論を唯一の正しい論理的推論と考えていますから、かれらはもちろん、仮説を形成するアブダクションのような科学的思惟または推論の存在を認めません。仮説演繹法では、つまり仮説や理論を思いつく発見の行為は論理分析のできない過程と考えられていて、「仮説の設定」という問題は考察の対象から除外されています。したがって仮説演繹法の最初の段階⑴は、「仮説の設定」といういい方（あたかも仮説演繹法が仮説や理論の発見にもかかわる方法であるかのようないい方）よりも、「ある仮説や理論が与えられてあるものとする」といういい方のほうが正確でしょう。

仮説演繹法論者のK・ポパーはいいます、「最初の段階、つまり理論を考えついたり発明したりする行為は、論理分析を必要とするものではなく、またできるものでもない、とわたくしには思える。新しい観念――音楽の主題であれ演劇における葛藤であれ、あるいは科学の理論であれ――を、人がどのようにして思いつくのかという問題は……経験心理学にとっては大いに関心のあることであろうが、しかし科学的知識の論理分析にとってはかかわりのないことである」(3)。ポパーは新しいアイディア（仮説や理論）を発案する過程と発案された新しいアイディアを論理的に吟味しテストする方法を明確に区別しつつ、こう述べています。「したがってわたくしは、新しいアイディアを発案する過程と、それを論理的に吟味する方法および吟味の結果をはっきりと区別することにしよう。知識の心理学との対比において――知識の論理学の課題に関していえば、わたくしはその課題はもっぱら、まじめにとりあげるに値するあらゆるアイディアがしたがわなくてはならない体系的なテストにおいて用いられる諸方法を研究することにある、という考えのもとに、これからの論議を進めるであろう(4)」。

仮説演繹法の理論（科学的知識の論理分析の理論、あるいは知識の論理学）は、新しいアイディア（仮説）を発案する過程にはかかわらず、もっぱら提案された新しいアイディアを「論理的に吟味する方法」、あるいは新しいアイディアが「したがわなくてはならない体系的なテストにおいて用いられる諸方法」を研究するものです。そしてポパーのいう論理的体系的なテストの方法とは、テストの演繹的方法（the deductive method of testing）を意味しています。仮説演繹法というのはすなわち仮説をテストする演繹的方法のことであり、それはつまり仮説が提出されたのちに、その仮説から実験的テストの可能な諸命題（予測）を演繹し、それらの命題を論理的に吟味し経験的に適用することによって、その仮説をテストする方法です。

したがって仮説演繹法では、仮説は最初から決まったものとして与えられているのです。N・R・ハンソンは仮説演繹法（H-D説）についてこう評しています。「H-D説は、ちょうど、ビートン夫人が献立を考えるのに、ウサギを材料とすべきことは最初から決まっている場合と同じで、仮説は、最初から決まったものとして与えられている。しかし、多くの料理の本では、その前に準備のための指示章があって、そこでは〈まずウサギを捕らえよ〉という点が語られる。H-D

説は、物理学者が仮説を捕らえてしまったあとに起こることがらを説明してはくれる。しかし、物理学を特徴づけてきた巧妙なやり口、執拗な努力、想像力と思考の大胆さなども論じることができるはずである」[5]（傍点は引用者による）。ハンソンはこのように仮説演繹法を批判していますが、その批判のなかでかれがとくに強調しているのは、（仮説演繹法論者たちが論じようとしない）物理学的探究の発見の過程または文脈における「巧妙なやり口、執拗な努力、想像力と思考の大胆さなど」です。ハンソンによると、物理学を特徴づけているのはそれらの創造的思惟の働きであり、これこそ、パースが「リトロダクション」と呼んだものの特性です。「物理学の哲学を考えようとするものは、パースが、もっともすばらしいリトロダクションと呼んだものを無視してはなるまい」[6]。

しかし仮説演繹法は、「仮説の設定」をめぐる考え方においてだけではなく、仮説をテストし正当化する方法に関しても、パースの探究の論理学の考えとは基本的に違います。すでにみてきましたように、パースの探究の論理学では仮説のテストは演繹と帰納の二種類の方法によって行われます。つまり仮説をテストするには、(1)その仮説からどんな実験的テストの可能な諸命題（予測）が必然的にあるいは高い確率で導かれるかを示さなくてはなりませんが、それは演繹の役割であり、(2)それに続いて、それらの命題を経験的事実と照合し、それらの命題がどれだけ経験的事実と一致するかを確かめることによって、それらの命題を派生させた当の仮説は受け入れられるか、あるいは修正が必要か、それとも破棄すべきかが決定されますが、それは帰納の役割です。しかし仮説演繹法論者のポパーは、帰納的方法を科学理論の発見の方法としてはもとより、科学理論をテストし正当化する方法としても認めず、帰納の論理を科学の論理と考える帰納主義（inductivism）の考えを全面的に否定します。ポパーは、「帰納の原理を科学が真理を決定するために用いる手段として[7]」考えるライヘンバッハの帰納主義の考えを批判しつつ、こう述べています。「以下で展開される理論は、帰納論理の考え方で進めようとするすべての企てとはまさに正反対のものである。それはテストの演繹的方法の理論、あるいは仮説はただ——しかもそれが提出されたのちにのみ——経験的にテストしうるだけであるという見解といえよう[8]」。この見解（テストの演繹的方法の理論）を、ポパーは帰納主義と対比して「演繹主義（deductivism）」とでも呼べるものである、といいます。こうしてポパーの仮説演繹法は帰納の論理も排して、徹底した演繹主義の立場に立っています。

科学理論（仮説）の演繹的テストの方法というのは、ポパーによると、つぎの四つの仕方で行われるテストの方法です。すなわち、(1)その理論から実験的テストの可能な諸命題（結論）を演繹的に導出し、それらの命題どうしを論理的に比較して、それらの命題はたがいに整合的（無矛盾的）か否かを確かめる、(2)その理論の論理的形式を検討し、その理論は経験的または科学的理論としての性格を有するものか、あるいは同義語反復的なものかを確認する、(3)その理論を他の諸理論と比較して、その理論は新たな科学的前進をもたらすものかどうかを決定する、そして最後に、(4)その理論から導出される諸命題（結論、予測）を経験的に適用することによってその理論をテストします。なおポパーによると、この最後のテストの手続きも演繹的です。つまり提案された理論が本当に新しい理論かどうか、新たな科学的前進をもたらすものかどうかを知るには、その理論から導かれる「予測」と呼びうる諸命題のなかから、現行の理論からは導き出せないもの、とくに現行の理論とは矛盾するものが選び出され、それらの命題が実験的テストにかけられるのであり、こうした諸命題（予測）の論理的導出と吟味によって理論のテストは行われる、というのです(9)。

仮説演繹法論者たちがテストの演繹的方法を重視するのは、いうまでもなく、うえに述べたような演繹的テストの諸手続きのみが合理的に再構成しうるからであり、厳密な論理分析が可能であるからです。しかし発見の行為にはこうした論理は存在せず、発見の過程は論理的（演繹的）に再構成し説明しうるものではありません。こうして演繹の論理を信奉する仮説演繹法論者たちは発見の問題を忌避し、「発見問題を哲学的問題の〈便利な屑入れ〉である心理学に押し込めることによって曖昧にしてしまったのである(10)」。しかし科学理論の形成に関するこの仮説演繹法の考え方は、演繹を正しい論理的推論のモデルと考える昔ながらの演繹の論理偏重の弊に陥っており、われわれが本書を通して一貫して論じていますように、こうした演繹的モデルは科学理論の形成にかかわる現実の科学的探究の思考の論理をとり扱うのに適していないことは明らかです。なぜなら科学者たちは科学理論の形成において演繹的にのみ思考しているのではなく、（M・ヘッセがいうように）現実の探究における科学的思惟は「通常は非-論証的（non-demonstrative）で、つまり帰納的、仮説的、類推的思惟によって行われている」からです。

しかしパースはもちろん演繹の論理を軽視しているのではありません。パースの探究の論理学においても、演繹的推論は科学理論の正当化において重要な役割を果たす推論として、科学的探究の思考過程のなかに位置づけられていることはすでにみてきたとおりです。演繹は分析的推論であり、その役割はアブダクションによって提案された仮説や理論の内容を分析解明し、その仮説や理論から実験的テストの可能な諸命題（予測）を導出して、それらの命題を経験的事実と関連づけることです。しかしパースの探究の論理学が仮説演繹法の考え方と顕著に違うのは、科学理論を創案する発見の過程をとくに重視し、科学的発見の思惟過程（アブダクション）の分析に重点をおいて、その観点から科学的知識の本質を解明しようと考えているところにあります。パースにとって、科学的活動のもっとも際立った本質的な特徴は発見の行為であり、科学的思惟を顕著に特色づけているのは発見の過程において働くアブダクティブ（またはリトロダクティブ）な思惟または推論なのです。

4　パースの帰納の概念

ではわれわれはつぎに、パースの帰納の概念および帰納の正当化の問題について考えてみることにしましょう。さきにみてきましたように、パースは帰納をたんに観察された事例から一般化を行う推論として考えているだけではなく、かれはさらに、実際の科学的探究の過程のなかに帰納を位置づけて、生きた探究の過程において帰納がどんな役割を果たしあるいは果たすべきかを示すことによって、帰納的方法をアブダクションによって提案される仮説や理論を実験的にテストし正当化する推論の方法として定義し、新たな帰納の概念を確立しています。そしてこの新たな帰納の概念にもとづいて、かれは帰納の正当化の問題についても独自の思想を唱えています。

さて帰納にはいくつかの種類があり、帰納の分類の仕方にもいろいろあります。そしてパースも独自の帰納の分類を行っていまして、かれは帰納を単純帰納（crude induction）と量的帰納（quantitative induction）と質的帰納（qualitative induction）の三種類に分類しています。そしてそのなかでも、われわれが以上で述べた科学的探究の過程において仮説や理論の実験的テストにかかわる帰納というのは質的帰納のほうです。パースによると、これらの三種類の帰納のなかで、量的帰納はもっとも強力な、かつもっとも正確な帰納であり、単純帰納はもっとも不確実な弱い種類の帰納です。質的帰納はその安全性とその結論の科学的価値の面においては他の二種類の帰納のいわば中間にありますが、しかし質的帰納は仮説や理論を実験的にテストする方法として、科学者たちの研究においてもっとも一般的に広く役立っているものです[11]。

単純帰納（crude induction）というのは、過去の経験や既知の知識にもとづいて未来の出来事の傾向について一般化を行う帰納であり、それは日常われわれがよく行う単純な経験的一般化の方法です。たとえばこれまで睡眠薬を飲むとよく眠れたのでこれからも睡眠薬を飲むとよく眠れるであろうと一般化する場合とか、あるいはこれまでみてきた犬は吠えるという性質をもっていることを知って、それをもとにして「すべての犬は吠える」というふうに普遍的な結論にいたる場合などが、単純帰納の例です。それはF・ベーコンが「単純枚挙による帰納法」(induction by simple enumeration)と呼んだものと同じものです(“crude induction”の“crude”は「未熟な」、「幼稚な」、「粗野な」という意味ですが、われわれはベーコンが用いている“simple”に倣って、「単純帰納」と訳すことにします。ベーコンは単純枚挙による帰納法を子どもじみたもの、幼稚な帰納法と呼んでいます)。単純帰納は過去に起こったことは未来においても同じように起こるというふうに単純素朴な信念を形成し、しかも他の二種類の帰納(量的帰納と質的帰納)がその結論を確率的に言明するのに対して、単純帰納は普遍的な結論に到達しようと意図するものです。しかし、「単純帰納の短所は、その結論が不確定のものとして理解される場合にはそれはあまり役に立たず、反対にその結論が確定的なものとして理解される場合にはそれはいつでも一つの経験によって完全に打破されざるをえない、ということである」(CP:2.757)。たとえば、旧大陸で観察されたスワン(白鳥)はすべて白かったということから、「すべてのスワンは白い」と思われていましたが、オーストラリアで黒いスワンがみつかってこの帰納の結論は完全に否定されてしまった、という例があります。このように単純帰納は普遍的な結論を、しかも確定的に主張するがゆえに、その結論は一つの反証例によって完全に打破されてしまう、という安全性のもっとも低い、弱い種類の帰納になります。したがって単純帰納は科学的探究においてはほとんど何の役割も果たさず、役に立ちません。

量的帰納というのは、数学的確率論にもとづく帰納であり、それはもっとも強力なタイプの、かつもっとも正確な帰納法です。それは、ある経験的事象のクラス（S）のメンバーのどれだけの割合が、まえもって着目された性質（P）をもっているかを数量的に示す方法です。量的帰納とは、つまりある経験的事象のクラス（S）から公正にサンプルを選んで、そのサンプルのなかに、まえもって着目された性質（P）を有する事例がどれくらいの割合で含まれているかを調べることによって、そのサンプルにおける割合は、ある近似値の範囲内で、そのサンプルが属するクラス（S）全体においても支持されるということを確率的に言明する、そういう帰納をいいます。たとえばわが国の自由民主党政権に対する国民の支持率を知りたいとき、わが国の有権者全体（S）のなかから任意にたとえば三〇〇〇人を選んで、それらの有権者についてアンケート調査を行い、そのなかに自由民主党政権の支持者（P）がどれだけの割合を占めているかを調べて、その割合がたとえば53パーセントであることが分かったとしますと、わが国の有権者全体（S）のおよそ53パーセントが自由民主党政権を支持している、という結論にいたります。あるいは、たとえば箱の中に10個の碁石が入っていて、5個は白石で5個は黒石であるとし、目を閉じて箱の中から碁石を1個ずつとり出すとして、どの碁石もそれをとり出す可能性は等しいものとすると、その場合、一回目にとり出す碁石が白で、二回目にとり出す碁石が黒である確率は18分の5であるというとき、その意味を「一回目に白・二回目に黒」という仮説がもつ支持率は18分の5

であるというふうに解釈しますと、この場合も量的帰納の方法が用いられています。

量的帰納は事象を数量的にとり扱う方法ですから、その方法はつぎの二つの仮定にもとづいています。すなわち第一に、量的帰納がとり扱う事象のクラスは、たとえばわが国の自由民主党政権の支持者とか、箱に入った碁石などのように、何人とか何個とかというふうに数えうる、つまり可算性の単位から成るものでなくてはなりません。第二に、量的帰納がとり扱う事象のクラスにおけるメンバーはどれも等しい可能性で現われるものと考えられなくてはなりません。つまり量的帰納とは等しい可能性で現われる加算性のメンバーから成るクラスのなかで、着目事象が現われる割合や頻度を算定する方法です。

これに対して、質的帰納は仮説を実験的にテストし検証する方法であり、それは科学的研究において「他の種類の帰納のどれよりも一般的に有用なものである」（CP:2.759）。しかし質的帰納は「単純帰納のように一塊りの経験にもとづくものでもなければ、それはまた、等しい証拠価値（equal evidential values）を有する加算性の事例の集合にもとづくものでもない。それ（質的帰納）は経験の流れにもとづく帰納であり、その経験においては、その違う部分のそれぞれの相対的な証拠価値が、それらの部分からわれわれが感受する印象にしたがって評定されなければならない」（CP:2.759）。量的帰納とは違って、質的帰納の場合は、それがとり扱う事象は数量的な度合いで示しうるような加算性の単位から成るものではありません。したがって質的帰納がとり扱う事象の証拠価値の判定には確率論は役に立ちません（CP:7.216）。

質的帰納においては、探究者はまずアブダクションによって発案された仮説から出発して、その仮説から実験的テストにかけることのできる諸予測をできるだけ多く演繹的に導出し、それらの予測のなかからいわばサンプルとしていくつかを選んで、それらの予測を事実にもとづいてテストします（CP:7.216）。つまりそれらの予測通りのことが実際に起こるかどうか、それらの予測はどれだけ観察事実と一致するかを確かめるのです。そしてその結果、探究者はその仮説は正しいといえるか、あるいは何らかの修正が必要か、それともまったく拒否すべきかを判定します。このように質的帰納は仮説にもとづくいくつかの予測をいわばサンプルとして選び、それらの予測がどれだけ事実と一致するかを評定しなくてはならないのですが、その場合、質的帰納がとり扱うそれらの予測というのは加算性の単位としてとり扱いうるものではありません。たとえば、ある仮説にもとづく諸予測の3分の2が真である、というようないい方はできないのです[12]。ある仮説にもとづく諸予測を実験的にテストし、その結果、その仮説は実験的証拠によってどれだけ支持されるかという質的帰納の評定は、「経験の流れにもとづく」いわば質的評定であり、その支持の度合いを確率計算によって数量的に示すことはできません（CP:2.716; 2.759）。つまりパースの質的帰納の概念によると、科学的仮説や理論のいわゆる「証拠による支持率」（degree of confirmation）というような確率概念は成り立たない、ということです。

5　帰納の自己修正的な性質

帰納には仮説を実験的にテストするという実証的な機能のほかに、さらに注目すべきもう一つの重要な特質があります。仮説を実験的に検証する際に、帰納はさらに、「その仮説は立証されたといえるのかどうか、あるいは立証に近づきつつあるのか、あるいはこれ以上注目するに値しないものなのか、あるいは新しい実験に照らして明確な修正が加えられ、帰納的に最初から検討し直されなくてはならないものなのか、あるいは最後に、真ではないけれどももしかし多分いくらかは真らしいところがあって、これまで進めてきた帰納をさらに続けていけばその結果よりよい仮説にいたるのに役立つようなものかどうか、を決定する」(CP:2.759)。いいかえると、帰納は仮説を実験的にテストし検証するだけではなく、それはさらに自らの検証手続きそのものについて、その手続きや結論に誤りがないかどうかをチェックし、仮説が本当に正しく立証されたといえるのかどうか、あるいは帰納的検証の手続きにどこか誤りがあって、新しい実験に照らして帰納的検証を最初から検討し直さなくてはならないのかどうか、というふうに、いわば自己点検、自己監視(self-monitoring)を行わなくてはなりません。パースによると、つまり帰納は自己規制的(self-regulating)、自己修正的(self-corrective)な過程です。ですから、帰納を長期にわたって使い続けていけば、その長い過程のうちには帰納はそれ自体のあらゆる誤りを正しつつ、わわれわれを徐々に真理へと導いてくれるのであり、帰納とはそういう自己修正的な方法である、というのです。そして帰納はその自己規制的、自己修正的な働きによって、それ自体の誤りを正すとともに、それはさらに科学的探究の過程全体を監視し規制しつつ、われわれを限りなく究極の真理に近づくように導いてくれる、とパースは考えています。

パースはいいます、「帰納の妥当性の真の保証は、もしその方法を十分といえるほど長期に及んで一貫して使い続けていけば、その方法は、たとえ一時的にはわれわれを誤った経験に導くことがあるにしても、しかしそれは間違いなく未来の経験のどんな誤りも正してくれる、ということである」(CP:2.769)。こうして帰納は科学的探究において二重に重要な役割を果たします。すなわち、一つには、アブダクションによって提案される仮説の実験的テストを行い、その仮説が真であるかどうかを最終的に確認する（そしてもし仮説が誤りであれば、アブダクションに対して新たに仮説の立て直しを促す）ことであり、いま一つには、帰納それ自体の検証手続きに誤りがないかどうかをチェックし、長い過程のうちには確実に真理に近づくように、不断に自らを修正することであり、そしてそうすることによって、ひいては科学的探究の過程全体を絶えず点検しつつ、われわれを真理に向かって正しく進むように導くことです。

帰納は経験から学ぶ方法です。経験はわれわれを誤らせることもありますが、しかしわれわれの誤りを正すのも経験です。経験から学ぶということは、経験が自覚的に反省的に行われるならば、それはわれわれの誤りを徐々に是正し、われわれを正しい方向に導いてくれる、ということです。「経験にはいつまで経ってもけっして明らかにされることのない性質がある、というのは理屈に合わない」(CP:2.784)。帰納は科学的経験（周到な実験と観察）から学ぶ方法であり、したがって帰納には絶えず自らを是正するというすぐれた傾向があります。そしてそれが帰納の本質であり、それが帰納の驚異である、とパースはいいます。「われわれはまた、帰納的過程には自らを是正するという不断の傾向があることを見失ってはならない。これが帰納の本質である。これが帰納の驚異である」(CP:2.729)。そしてかれによると、帰納は本質的に自己修正的であるということが、帰納は正しい方法であるということを保証するのであり、つまり帰納法を正当化するのです。すなわち、「帰納は理論を実験的にテストする操作である。帰納の正当化（the justification of induction）は、探究のどの段階においても結論は多かれ少なかれ誤っているかも知れないが、しかし同じ方法をさらに適用し続けていけば、その誤りはきっと是正される、ということである」(CP:5.145)

帰納の正当化という哲学上の問題については古くからいろいろな論議がありますが、いまは立ち入らないことにしましょう。ここではこの問題に関するパースの考えを概要的にみておくだけにします。かれの考えというのは、ひとことでいうと、帰納を正当化するのは帰納そのものの方法的特性――すなわち帰納は自己修正的であるという特性――のほかにはない、ということです。帰納を正当化するために、われわれは帰納を保証する根拠となる何らかの前提――たとえば未来の事象の起こり方は過去の場合と同様であるとか、自然には規則性が存在するとか、自然は斉一的であるとか、その他いかなる前提――にも依拠する必要はありません（CP:2.784）。ということは、しかし自然の規則性や斉一性を否定しているのではありません。パースはただ、帰納を正当化するためにそれらを前提に用いてはならない、といっているのです。

すでに指摘されているように、未来の出来事は過去と同様に起こるとか、自然は斉一的であるかどうかということを、われわれは帰納によって知るのであり、したがってそれらを前提にして帰納を正当化しようとすると、悪循環に陥るだけです。あるいはまた、自然は斉一的であるということを「原理」として、「公理」として設定し、それを大前提にして推論を行いますと、この推論は公理からの演繹的推論になります。したがってこの原理のうえに帰納の論理を基礎づけようとすると、演繹と帰納の区別は消失してしまうことになります。しかし帰納はあらゆる仮説や理論を実験的にテストする方法であると同時に、それはまた自己修正的な方法ですから、したがって帰納の正当化に必要なことは、ただ帰納法を長期間にわたって使用し続けるということだけなのです。帰納の自己修正的本質というのは短期間にはその本領を発揮することはできません。帰納は短期間の使用ではわれわれを誤った経験に導くことがあるからです。しかし長期間に及んで使い続けていくうちには、帰納は最終的にはきっとあらゆる誤りを正してくれるでしょう。そしてパースによると、帰納はこのように不断に自らを修正し規制する過程であるということが、帰納は正しい方法であるということの必要かつ十分な保証なのです。

（1）M・グロッサー著、高田紀代志訳『海王星の発見』（恒星社厚生閣、昭和六十年）、一一九〜一二〇頁。
（2）『哲学事典』（平凡社、昭和四十六年）、一二四〇頁。
（3）Karl R. Popper, *The Logic of Scientific Discovery*, Hutchinson of London, 1959, p.33.
（4）*Ibid.*
（5）N・R・ハンソン著、村上陽一郎訳『科学的発見のパターン』（講談社、昭和六十一年）、一五四頁。
（6）同上、一五六頁。
（7）Karl R. Popper, *op.cit.*,p.29.
（8）*Ibid.*, p.30.
（9）*Ibid.*, pp.32〜33.
（10）A・ブラニガン著、村上陽一郎・大谷隆昶訳『科学的発見の現象学』（紀伊國屋書店、一九八四年）、三〇頁。
（11）拙著『パースの記号学』（勁草書房、一九八一年）、一八一頁。
（12）Christopher Hookway, *Peirce*, Routledge & Kegan Paul, London, 1985, p.222.

第六章　帰納主義の考え方について

1　仮説と帰納

帰納の論理学を創設し、帰納法を科学の方法と考える帰納主義（inductivism）の方法論的思想を確立したのはF・ベーコン（Francis Bacon, 一五六一～一六二六）ですが、そのベーコンの帰納法の考え方について、バートランド・ラッセルはこう批判しています。「ベーコンの帰納法は仮説というものに十分な強調をおいていないことで欠陥のあるものになっている。かれは秩序正しくデータを整理するだけで正しい仮説は明らかになると考えていたようであるが、しかしこのようなことは稀である。一般には、仮説を形成することが科学的な仕事のなかでもっとも難しいのであり、偉大な能力が不可欠となる部分である。これまでのところ、仮説を規則にしたがって発明することを可能にするような方法は見出されていない。普通は、何らかの仮説が諸事実を集める際に必要な予備条件となっている。なぜなら諸事実を選択するには関連性のあるものを決定する何らかの方法がなくてはならないからである。この種の何ものかがなくては、諸事実をただ寄せ集めてみてもどうしてよいかわからないのである」(1)。

ここにラッセルがベーコンの帰納法の欠陥として指摘していることは、ベーコンの場合に限らず、かれ以降の、つまり帰納法を科学的探究の方法と考える帰納主義の方法論的思想について一般的にいえるでしょう。このラッセルのベーコン批判の要点は、すなわち、科学的方法には帰納法のほかに仮説の提案が必要であり、仮説の提案なしには帰納法を正しく用いることはできない、ということです。帰納主義の所見では、帰納法が科学的諸法則や理論の発見および正当化の両方にかかわる方法であり、帰納的推論が経験的実在の世界に関する知識を拡張するための唯一の拡張的推論と考えられています。したがって帰納主義の所見では、仮説というものについて考えるとしたら、仮説の発見も仮説の検証も帰納法だけで行われる、ということになるでしょう。しかしラッセルによると、帰納法は仮説を発見する方法ではありません（われわれもまえの諸章で帰納法は仮説を形成する方法ではないということをみてきました）。ラッセルがいうように、正しい仮説は観察データを秩序正しく整理すれば明らかになるというものではなく、「一般には、仮説を形成することが科学的な仕事のなかでもっとも難しいのであり、偉大な能力が不可欠となる部分である」。

われわれはあとでベーコンの仮説の概念および帰納法の考え方について検討しますが、そのまえに、帰納法を用いるには帰納法に先立って仮説の提案が必要であり、仮説の提案なしには帰納法は成り立たない、ということについて考えてみましょう。ラッセルがいうように、仮説は観察データから帰納的に導かれるというものではなく、むしろ逆に、観察データは仮説にもとづいて集められなくてはならないのであり、実際、あらかじめ何らかの考え（仮説）がなければ、どういう事実を集めたらよいか、関連性のある事実をどのようにして選んだらよいか、あるいはそれらの事実をどのように相互に関連づけたらよいのか、わからないでしょう。まえもって何の考えも仮説もなく、ただ手あたりしだい諸事実を寄せ集めてもどうしてよいかわからないのであり、そのような無方針の帰納法は役に立たないでしょう。

このことについて、ここにパースがあげている面白い例があります。パースは、着目事象の予示（predesignation）なしに、つまりあらかじめ何について知りたいかということを考えずに、ただサンプルを集めて帰納を行った場合、それがいかに不当な帰納になるかを示すつぎのような例をあげています。ある人名辞典の100、300、500、700、900の各ページのトップの段に、つぎの著名人の名前と日付が載っています。

	生まれた年	死んだ年月日
Francis Baring	1740年	1810年9月12日
Vicomte de Custine	1760年	1791年1月3日
Hippostrate (of uncertain age)		
Marquis d'O	1535年	1594年10月24日
Theocrenes	1480年	1536年10月18日

さて、着目事象の予示という条件を無視して、このデータにもとづいてつぎのような帰納的一般化を行ったとしたら、どうでしょうか。

「1．これらの人びとの4分の3は年代の数字の最後の数字がゼロになっている数の年に生まれている。だからすべての著名人の4分の3はたぶんそのような年に生まれているであろう。しかし実際は、そういう年に生まれているのは10人中1人である。

2．著名人の4分の3は秋に生まれている。実際は、4人中1人だけである。

3．著名人はみんな、ある月の、3で割り切れる数のある日に死んでいる。実際は、3人中1人である。

4．著名人はみんな、死んだ年の数を2倍して、さらに1を加えてできた数の最後の数字がもとの死んだ年の数の10桁の数字と同じになるような数の年に死んでいる。実際は、10人中1人だけである。

5．最後の2桁の数字が44になる数の年に生きていた著名人はみんな、生きた年数から4を引いた数が11で割り切れる数になるような年に死んでいる。その他の著名人は生きた年数に10を加えた数が11で割り切れるような数の年に死んでいる」（CP:1.96）。

ここにパースが例示しているのは、あらかじめ何の考えも仮説ももたずに（つまり着目事象の予示なしに）ただ諸事実を集めるだけでは、それらの事実からは正当な帰納的結論はえられないということであり、仮説がなくては帰納法を正しく用いることはできないということです。

着目事象の予示という条件は、実験的諸科学においては、実験的検証を行うまえに、実験的検証に付すべき何らかの仮説がなくてはならない――つまり実験的に確かめることのできる明確な経験的諸帰結の予測を与える仮説が必要である――ということを意味しています。そしてまえの章（第五章）でみてきましたように、パースによると、実験的諸科学において仮説の実験的検証を行うのが帰納の役割です。帰納はつまり、仮説から導かれる諸予測がどれだけ経験的事実と一致するかを確かめることによって、仮説の確証または反証を行う操作です。このように科学的探究における帰納の役割が仮説の実験的検証を行うことであるとしますと、帰納法にとってあらかじめ仮説の提案がなくてはならないことはいうまでもないでしょう。つまり仮説なしには帰納法を用いることはできないのです。

パースがとくにこの着目事象の予示という規則を重視していることについて、T・グージはつぎのように述べています。「物理諸科学においては、この規則というのは実験的検証が行われるまえに明確な諸帰結の予測が必要であることを強調していることになる。パースの見解では、科学的探究はつねにある問題からはじまるのであるから、その問題の解決を試みる際の最初の段階はいくつもの観察可能な帰結へと導くある仮説を念頭におくことである。諸帰結が予測され、そしてそれらの予測がのちに確証されるかあるいは反証される。こうして最初の問題は解決されるか、あるいはさらに探究が続けられる。こういうわけでパースは、科学的方法というものは先入観なしにただ諸事実を集めることから出発するものでなくてはならないと考える所見に反対であることを示している。かれが着目事象の予示ということを強調するのは、事実というものはつねに探究中のある特定の問題と関連性があるから選ばれるのだということに注意を喚起するためである。諸事実はけっして無方針にただ集められるものではない。そして諸事実が関連性のあるものかあるいは関連性のないものかは、既得の知識にもとづいてのみ決定できるのである」(2)。

ふたたびまえに戻って、ちなみに、仮説の形成ということに関してラッセル自身はどのように考えているのかということについて付言しておきたい。ラッセルはベーコンの帰納法の欠陥は仮説というものに十分強調をおいていないところにあると批判し、仮説を形成することは科学的な仕事のなかでもっとも重要な部分である、と論じています。しかしラッセルは仮説の形成が科学的活動の際立った特質であることは認めますが、かれは仮説の形成という問題をとくに科学方法論上の、あるいは論理学の問題として重視しているわけではありません。ラッセルによると、仮説の発案は論理的な推論によるものではなく、仮説を発明するための論理的規則というものは存在しないのであり、したがって仮説の形成は論理分析が不可能であり、それは論理学の域を超えている、というのです。ラッセルは別のところで、仮説を発案する働きを「超論理的な提起」と称し、「科学的な推論は、帰納とは異なる一種の超論理的な提起を要するというのが結論である」[3]と述べています。ですから、ラッセルが仮説を形成することが科学的な仕事のなかでもっとも難しく、「偉大な能力が不可欠となる部分」であるという場合、かれのいう「偉大な能力」とは超論理的な能力を意味しています。

しかし仮説の形成が論理的な事柄（logical affair）か否かはいまはさておいて、どんな仕方で仮説が形成されるにせよ、われわれがこれから帰納主義の考え方を批判的に検討する際にとくに注視したいのは、冒頭に引用したベーコン批判のなかでラッセルが強調して述べていること——つまり科学的方法にとって仮説の提案は不可欠であり、仮説の提案なしには帰納法を正しく用いることはできないということ——です。

2　ベーコンの帰納法の考え方

では、ベーコンは仮説というものについてどのように考えていたのでしょうか。ベーコンは「仮説」という言葉は使っていませんが、しかしかれが仮説というものについて考えたとしたらどのように考えたであろうかということを知る手がかりはいくつかあります。その一つは「自然の予断」（anticipations of nature）という考えです。ベーコンは「自然の予断」と「自然の解明」（interpretations of nature）を区別し、この対比をとくに重視していまして、それはアリストテレスの論理学と自分の論理学の重要な違いを示すものであると論じています(4)（『ノヴム・オルガヌム』第一部、アフォリズム一八〜三八）。自然の予断というのは十分な経験に基礎をおいていない、たんなる憶測にもとづく思弁的な諸概念を意味しており、アリストテレスの論理学はそういう自然の予断を与えるだけです。これに対し、自然の解明というのは実験と観察に基礎をおいて順序正しく諸事実を整理し、体系的に自然の本質を解明することであり、ベーコンによると、かれの論理学はそのような自然の解明を引き出す真の学問の方法なのです。そしてこの対比でいうと、ベーコンは仮説というものを「自然の予断」として否定的に考えていた、といえるでしょう。

われわれはまえに、たとえばニュートンが実際には大いに仮説的方法を用いていながら、「わたくしは仮説をつくらない」といったのは、当時「仮説」という言葉には多分に「思弁的」というニュアンスがあったからであろう、と述べましたが、ニュートンらによって近代科学の方法が確立される以前の、しかもつねに古い思弁哲学の伝統（アリストテレスの学説など）と対決しつつそれとの対比において新しい科学の方法とはどういうものでなくてはならないかを追求しているベーコンにおいてはなおさら、仮説というものは思弁哲学者たちの皮相な自然の予断として考えられていたであろう、ということは容易に想像できます。ベーコンは「予断」という方法についてこう述べています――「あらゆる時代のすべての智者たちが仮りに一堂に会してかれらの努力を結集し伝え合ったとしても、〈予断〉を方法とする限り科学において大きな進歩を遂げるということはけっしてありえないであろう……」（『ノヴム・オルガヌム』第一部、アフォリズム三〇）。

しかしもう一つの考え方もあります。ベーコンはかれの帰納法によってえられる結論を暫定的なもの、つまり仮説と考えていて、その結論（仮説）はさらに多くの新しい事例によって確認されなくてはならない、と述べています（『ノヴム・オルガヌム』第一部、アフォリズム一〇六）。この帰納法の考え方は、つまり帰納的探究の諸段階においてえられる結論（低次の一般命題や中間の一般命題）を確定的なものと考えるのではなく暫定的な結論（仮説）とみなし、それらの結論をさらに新たな事例によって確かめつつ、一歩一歩段階的により広い一般命題へと進み、そして最後にもっとも一般的な命題の発見にいたる、というものです。ベーコンはこう述べています、「真理を探究し発見するにはただ二通りの方法があり、またありうる。その一つは感覚と個物からもっとも一般的な命題に飛躍し、そしてそれらの一般命題の真理性を確定した不動のものと考えて、それらの原理から判断して中間の一般命題を発見するというものであり、これが現在流行っている方法である。もう一つは感覚と個物から一歩一歩段階的にかつ連続的に一般命題を導き出しつつ、最後にはもっとも一般的な命題に到達するものである。これが真の正しい方法であるが、しかしまだ試みられていない」（『ノヴム・オルガヌム』第一部、アフォリズム一九）。このベーコンの漸次的な帰納法（gradual induction）の考え方では、仮説といえるのは、いま述べたように真理探究の途上において漸次段階的に導き出される帰納の結論（低次の一般命題や中間の一般命題）を暫定的な結論とみなし、さらに新たな事例によって確かめられなくてはならないものと考える、というものです（しかしまえの諸章でみてきたように、こうした一般化は漸次観察データを増やして一般化を広げるだけで、観察データについて、観察された事実がなぜ起こるのかということについて説明を与えることはできません）。

しかしわれわれが注目したいのはベーコンのもう一つの仮説の概念です。ベーコンは自ら熱の性質に関する研究を行っていて、この研究はかれの帰納的方法を具体的に例示しているものとしてよく知られていますが、かれはこの研究で熱の原因は運動であるという結論に達しています。そして熱の原因である運動について、かれはさらに、それは物体のなかにある比較的小さい分子間の運動であり、物体のなかでそれらの微分子はたがいに阻止され、反撥され、撃退される運動をしている、と説明しています（『ノヴム・オルガヌム』第二部、アフォリズム二〇）。しかしこうした結論は観察データから普通の直接的な帰納法（ベーコンの漸次的帰納法）によって導かれるようなものではないでしょう。この熱の原因の探究において、ベーコンは熱の存在を示す肯定的事例（たとえば太陽熱、焔の熱、摩擦熱、動物の体温など）を列挙したいわゆる「本質と現存の表」、それらの肯定的事例ともっとも近接した事例でしかも熱が欠如している否定的事例（たとえば月や星の光線、海上で発する燐光など）を列挙したいわゆる「逸脱ないし欠如の表」、さらに熱の程度の変化を示す「程度または比較の表」を作成し、きわめて広範囲に及ぶ多種多様の事例を数多くあげ、それらの事例を一つ一つ詳細に検討しています。この帰納法はつまり「適当な排除と除外によって自然を分析し、それから十分な数の否定的事例を検討したのちに、肯定的事例にもとづいて結論を下す」、そういう方法です（『ノヴム・オルガヌム』第一部、アフォリズム一〇五）。

しかしこうした肯定的事例や否定的事例をどれだけ広範囲にわたって数多く観察し、それらの事例をいかに秩序正しく体系的に整理してみても、何らかの想像力、仮説的推論を用いずには、いま述べたような熱の秘匿された原因（直接には観察不可能な微分子間の運動）の発見にいたることはできないでしょう。こうした微分子間の運動という考えは仮定にもとづくものであり、ベーコン自身もこの種の試みを「知性の自由」（the indulgence of the understanding）と呼んでいるように、それはつまり知性を自由に働かせることによって考え出された仮説です。つまりベーコンは熱の秘匿された原因を説明するために「自分の精神を証拠よりも優先させた」(5)のです。「精神を証拠よりも優先させる」というのは、いいかえると、こうした仮説は諸事実（証拠）から帰納的に導かれるものではなく、精神の自由な想像力によって考え出されるものである、ということです。

　このベーコンの仮説の方法は、近代科学というものがまだ存在しなかった当時においてはたしかに注目すべき画期的な試みであり、のちに近代科学のすぐれた方法となる仮説的方法の先駆けをなすものといえるでしょう[6]。しかし同時に、それはベーコンの帰納法が科学的方法として不備であることを示すものであることも明らかです。この仮説の方法について、B・ファリントンはこう述べています――ベーコンは「仮説という方法によって自分の課題を暫定的に解こうと試みた。このことをかつてかれは自然の予断として非難したが、こんどは一時的な必要としてそれをみとめるのである[7]」。つまりベーコンはかれの帰納法を用いて熱の原因を解明しようと企てたのですが、しかしその結果、かれは熱の秘匿された原因を説明するという課題に直面してかれの帰納法の不備を知るようになり、そこでかれは自らの課題を解決するための、いわば「応急策(pis aller)[8]」として、かつては「自然の予断」として非難していた仮説という方法を用いざるをえなかった、というのです。しかしベーコンは折角新しい仮説の方法を自ら試みていながら、その仮説の方法を「一時的な必要」として、「応急策」として用いているにすぎないので、それはかれの方法論的思想に何ら本質的な影響を及ぼすことはなかったし、それによってかれの帰納法の考え方そのものを見直すことはなかった、といえるでしょう。

　それどころか、つぎに引用する科学的方法に関するベーコンのよく知られた所見はいま述べたかれの仮説の方法とは相容れない、といわなくてはならないでしょう。ベーコンは科学的発見のためにかれが提案する方法（帰納法）とはどういうものでなくてはならないかということについて、巧みなたとえを使って、こう述べています。「諸科学の発見のためにわたくしが提案する方法は、知力の鋭さや強さに頼るところがわずかで、どんな知力の差によってもほとんど違いが生ずることがないようにする、そういうものである。というのは、直線を引いたりあるいは完全な円を描く際に、ただ手だけでやろうとすると、手の使い方は確かで熟練を要するが、しかし定規やコンパスを使えば、そのような必要はほとんどあるいはまったくないように、わたくしの方法もそのような必要のないものである」（『ノヴム・オルガヌム』第一部、アフォリズム六一）。この所見は、ちょうど定規やコンパスを使えば、手運びに熟練した人でもそうでない人でも、ほとんど差がなく一様に正確に作図ができるように、ベーコンの帰納法はそれを用いれば知力の優劣にかかわりなく誰もが等しく規則的に正しい仮説を形成し真理を発見することができるような、そういう方法でなくてはならない、と唱えているように読みとれます。

ラッセルがかれのベーコン批判のなかで、仮説を形成することが科学的な仕事のなかでもっとも難しく、偉大な能力が不可欠となる部分であり、「仮説を規則にしたがって発明することを可能にするような方法」というものは存在しない、と述べているのは、いま引用したベーコンの帰納法の考え方を指して批判したものでしょう。すぐれた仮説や理論というものは科学者たちの卓越した知力や創造力によって考え出されるものであり、つまり科学的な仕事のなかでとくに仮説を形成する過程は科学者たちの知力や創造力の差がもっとも顕著にあらわれる部分である、といえるでしょう。ベーコンがかれの熱の原因の探究において自ら示しているように、科学的仮説というものは「知性の自由」によって考え出されるものであり、精神の自由な想像力（精神を証拠よりも優先させること）によって創案されるものです。

ところで、うえに引用したベーコンの帰納法に関する所見はかれの有名な四つのイドラ（偶像）に関する所論において、最後の「劇場のイドラ」（または学説のイドラ）について論じているところで述べられていて、つまりこの所見はアリストテレスの学説、スコラ神学など、思弁哲学の伝統を強く意識して述べられたものである、ということがわかります。したがってその文脈からわかりますように、このベーコンの所見は、経験に十分基礎をおいて考えようとはせず、ただ権威や伝統に盲従し、あるいは個々の哲学者たちの知力や学識を誇示するだけにすぎない思弁哲学と、それとはまったく違う新しい科学の進歩の条件とを対比させているのです。そしてこの対比によってベーコンがいわんとしていることは新しい科学の進歩の条件は何よりもその方法にあるということであり、思弁哲学者たちと新しい科学の発展に寄与する科学者たちの違いは知力の優劣の差にあるのではなく、かれらが用いる方法の違いにある、ということでしょう（ベーコンは「諺にあるように、びっこであっても正しい道を歩むものは、道を誤って走る人を追い越してしまう」と述べています）。ですから、問題のベーコンの所見をその文脈を考えずに字義通りに解して、かれは科学的発見を機械的に行うことを可能にするような方法、つまりそれを用いれば卓越した知性は必要なく誰もが新しい自然法則の発見者になりうるような、そういう方法を発明したと思い込んでいた、と非難するのは誤解であり、「またこれは科学的方法の改革者としてのベイコンに浴びせられるもっとも中傷的な批判の一つなのである」[9]、という指摘もあります。

しかしこのように思弁哲学の伝統を強く意識しつつ新しい科学の方法について論ずる場合、ベーコンがとくに強調したいことは、もちろんかれがいう帰納法は実験と観察にもとづく客観的で、実証的で、かつ確実な方法でなくてはならないということでしょう。そしてこのベーコンの方法概念はたしかに革命的であり、科学方法論的思想における大きな進歩であることはいうまでもありません。しかし一方、まえにも述べましたように、ベーコンが帰納的探究を方向づけ導くための仮説についてその積極的な意義と役割を認めようとしないのは、帰納法に先立って考え出される仮説というものは十分な経験に基礎をおかないたんなる憶測にもとづく「自然の予断」であり、そのような予断的仮説を用いますと、科学的方法の客観性、実証性、確実性を危うくする恐れがあるという理由によるものと考えられます。

ベーコンはかれの熱の原因の探究において、まず冒頭に、諸事実を集める際にはそれらの事実は観察者に現れるままの順序にしたがって列挙すべきであり、未熟な思弁を交えてはならない、ということを強調して述べています（『ノヴム・オルガヌム』第二部、アフォリズム十二）。未熟な思弁を交えてはならないというのは、つまり予断的仮説を用いてはならないということであり、いっさいの先入観を排してただ諸事実をそれらの事実が観察者に現われるままに列挙しなくてはならない、ということです。そして実際、たとえば熱の原因の探究において、「探究を開始するばあい、ベイコンは、まず第一に熱の存在に合致する数多くの事例を手あたりしだいとさえ言えるようなしかたでよせ集める」(10)のです（傍点は引用者による）。このように諸事実を観察者に現われるままに「手あたりしだいとさえ言えるようなしかたでよせ集める」のは、あらかじめ仮説を考えてそれにもとづいて諸事実の観察を行いますと、こうした予断的仮説のなかに科学者たちの偏見や先入観が介入して、客観的な「自然の解明」を妨げるものとなる——つまり科学的方法の客観的実証性を損ねる恐れがある——という考え方にもとづくものでしょう。われわれがさきほど引用した問題のベーコンの帰納法の考え方は、科学的方法としてかれが提案する帰納法はいっさいの偏見や先入観や予断を排し、実験と観察に十分基礎をおいたもっとも客観的で、実証的で、確実な真理探究の方法でなくてはならない、ということを誇張して述べたものと考えられます。

3　ミルの帰納法の考え方

ではわれわれはつぎに、J・S・ミル（John Stuart Mill, 一八〇六～七三）の帰納法について考えてみましょう。ベーコンの帰納法の考え方を継承し発展させて、帰納論理学の体系を打ち立てたのはミルです。歴史的に、ミルの帰納論理学は帰納主義の考え方をもっとも代表するものであり、それはいまなお科学方法論的思想において大きな影響力をもっています。したがってわれわれが以上で述べました帰納主義の考え方の問題点を確認するためにも、ミルの帰納法の考え方について検討しなくてはなりません。われわれが確認したいことは、つまりミルの帰納法も仮説というものに十分な強調をおいていないところに欠点があるということです。われわれは以下でこの点に絞って、ミルの帰納法について考察したいと思います。

ミルによると、科学の仕事は自然のなかに存在する因果関係・因果法則を発見することであり、そして科学の方法は帰納法です。「帰納法の主な仕事」は「自然のなかに存在する因果的諸法則がどういうものであるかを突き止めること、あらゆる原因の結果およびあらゆる結果の原因を確定すること」[11]です。ミルにとって、帰納法は「発見の方法」(method of discovery) であり、かつ「証明の方法」(method of proof) でもあります。「帰納法は一般命題を発見しかつ証明する操作と定義することができよう」[12]。帰納法はわれわれが事例のなかに観察した現象はそれらの事例と類似の事象のクラス全体においても存在すると一般化する推論です。「帰納法とは……われわれがある個々の事情または諸事情において真であることがわかっていることは、それらの既知の事情とある指定できる点で類似しているあらゆる事情においても真であろうと推論する精神の働きである」[13]。つまり帰納法は「経験からの一般化」[14] (generalization from experience) によって自然の因果的諸法則を探究する方法です。ミルはかれの帰納法を「実験的探究の方法」と称し、つぎの五つの方法を提案しています。すなわち、(1)一致法 (method of agreement)、(2)差異法 (method of difference)、(3)一致差異併用法 (method of agreement and difference)、(4)共変法 (method of concomitant variation)、(5)剰余法 (method of residues) です。そのなかで(3)の一致差異併用法は(1)と(2)の組み合わせですから、実際には四つの方法であり、ミルもそれらの方法を「実験的探究の四つの方法」(Four Methods of Experimental Inquiry) または「四つの帰納法」(Four Methods of Induction) と呼んでいます。

それらの四つ(または五つ)の実験的探究の方法——いわゆるミルの方法——はいまなお帰納法とは何かということを知るための基本として論理学のテキストでとりあげられていますし、ミルの方法の難点についてもすでに多くの論者たちの批判があり、ここで新たにつけくわえることはありません。われわれが示したいことは、さきほども述べましたように、ミルの帰納法も仮説なしには成り立たないということであり、帰納主義の考え方の欠陥は科学的探究において仮説が果たす役割について明確な認識を欠いているところにあるということです。ところでミルは「仮説」そのものを認めていないというわけではありません。かれは帰納法によってすでに証明済みの仮説(たとえばニュートンの仮説など)は科学的に重要な仮説として認めています。しかしかれが認めようとしないのは、帰納法を用いるにはあらかじめ仮説の提案が必要であり、帰納的探究は仮説によって導かれる、という仮説の概念です。ミルの四つ(または五つ)の帰納法はすべて仮説なしには成り立たないということを示すことができますが、しかしここでは(1)の一致法と(2)の差異法について検討すれば十分でしょう。ミル自身は、とくに(2)の差異法をかれの帰納法のなかでもっとも重要だと考えています。

(1)の一致法の規則を、ミルはつぎのように定式化しています。「研究中の現象を含んだ二つまたはそれ以上の事例が、ただ一つの事情だけを共通にもっていて、それらの事例はこの一つの事情においてのみすべてが一致している場合、この共通の事情が問題の現象の原因（または結果）である」[15]。いいかえれば、一致法とは継起する事象において先行する諸事情のなかにただ一つだけ共通する事情Aがあり、後続する諸事情のなかにもただ一つだけ共通する事情aがある場合、Aはaの原因である、あるいはaはAの結果である、というふうにして、因果法則を発見する方法です。

具体的な例で説明しましょう。もう二十数年もまえのことですが、わが家の庭に芝生を植えるのに苦労したことがあります。芝生の生え具合が悪くて、三回も植えかえました。初回は自分で植えました。造園業者に植え方を教わって注意周到に植えたつもりですが、しかし失敗でした。たぶん私の植え方が悪かったのだろうと思い、二回目は業者に頼んで植えかえました。二回目の植えかえのときには、庭の土質にも原因があるかも知れないと思い、土も入れかえました。私の住んでいる沖縄は年中温かくて、季節の違いはさほど問題にならないと思いましたが、しかし季節も考慮に入れて、一回目は夏に植えましたので、二回目は秋に植えかえてみました。芝生の生え具合が部分的に悪くなるとその部分も植えかえて、その部分はとくに雑草の除去や芝生の刈り込みをまめに行い、水や肥料も十分与えるように気をつけました。しかしそれでもうまくいきませんでした。そして三回目の植えかえのときに、業者といろいろ相談しているうちに、木や建物の影で庭の日当たりの悪いことが原因だとわかったのです。わが家の庭にはよく葉が落ちて庭を汚し、また台風のたびに枝が折れ落ちてお隣にまで迷惑をかけていた梯梧（沖縄県の県木）が二、三本ありました。そこで三回目にはそれらの木を切り倒して庭をもっと広くし、日当たりをよくして、芝生を植えかえました。こうして三回目の植えかえで成功し、いまでは自慢の庭になっています。これを図示すると、つぎのようになります。

事例	先行する諸事情	後続する諸事情
1	ABCD	abc
2	ACD	acd
3	AEF	afg

ゆえに、Aはaの原因である（またはaはAの結果である）。

ここでA、B、C、D、E、Fは先行する諸事情（庭の日当たりが悪いことや、芝生の植え方や、庭の土質や、芝生を植える季節など）で、それらの諸事情のなかでただ一つ共通している事情がA（庭の日当たりが悪いこと）であり、そして結果がa（芝生の生え具合が悪いこと）ですから、Aはaの原因であり、あるいはaはAの結果である、と結論することができます。この場合、庭の日当たりが悪いことだけが芝生の生え具合の悪いことの唯一の原因ではなく、他の事情（B、C、

D、E、F）も原因となりうるものであり、実際には原因は他にもいろいろ考えられます。しかし簡単にするために、Aを先行する諸事情におけるただ一つの共通事情とし、aを後続する諸事情におけるただ一つの共通事情とします。すると、ミルの一致法によって、Aはaの原因であるということができます。

このミルの一致法には多くの難点がありまして、なかでもとくに問題になる点は、一致法が成り立つためには、検討している諸事情（先行する諸事情A、B、C、D、E、F）のリストのなかに、求められている原因A（庭の日当たりが悪いこと）があらかじめ組み入れられていなくてはならない、というところにあります。つまり先行する諸事情はどれも仮説的に芝生の生え具合の悪いことの原因と考えられているものですが、それらの諸事情のリストのなかに、それらの諸事情におけるただ一つの共通事情Aを仮説の一つとしてあらかじめ含めておかなくてはなりません。そうでないと（あらかじめAという仮説をリストのなかに含めておかないと）、Aとaの結びつき（因果関係）を突き止めることはできないからです。つまりあらかじめAという仮説を考えに入れておかないと、ミルの一致法を用いることはできないのです。

つぎに、⑵の差異法について考えてみましょう。差異法の規則（第二のカノン）を、ミルはつぎのように定式化しています。「研究中の現象が生じている事例と、それが生じていない事例とがあって、もしそれらの事情が一つの事情を除いて他のすべての事情は共通にもっているとして、その一つの事情だけはまえの事例においては生じていて、あとの事例には生じていないとすると、この二つの事例がそれにおいてのみ異なっているその事情が、問題の現象の結果、あるいは原因、または原因の不可欠の部分である」[16]。いいかえれば、差異法とは、二つの事例があって、一つの事例では先行する諸事情のなかに事情Aが含まれているが、もう一つの事例では先行する諸事情のなかに事情Aが含まれていないという点においてのみその二つの事情は異なっていて、その他の事情はすべて同じであるようにした場合、事情Aを含む事例においてのみ、後続する諸事情のなかに事情aが出現するならば、Aはaの原因である、というふうにして、因果法則を発見する方法です。つまり二つの事例において、他の諸事情はすべて同じであるようにしておいて、先行する諸事情にAをくわえれば後続する諸事情にaが出現し、先行する諸事情からAを除去すれば後続する諸事情からaが消失するならば、Aはaの原因である、ということができます。これを図示すると、つぎのようになります。

事例	先行する諸事情	後続する諸事情
1	ABC	a
2	BC	—

ゆえに、Aはaの原因の不可欠の部分である。

事例1には事情Aが存在しますが、事例2では他の事情B、Cは事例1と共通しているけれども、事情Aは存在しません。そして事情Aが存在している事例1では後続する諸事情にaが生じていますが、事情Aが存在しない事例2では後続する諸事情にaは生じていません。簡単にいうと、つまり差異法はAをくわえるかあるいはAを除去するかによって、aが出現するか否かを知る方法です。たとえば、一つの事例では夕食後にお酒を飲んで床につき、もう一つの事例では夕食後にお酒を飲まずに床についたとして、この二つの事例において、夕食後にお酒を飲むか飲まないかを除いては、日常生活の他の諸事情（日中の職場での仕事の量とか、職場への行き帰りの通勤時間とか、夕食の料理とその量などの諸事情）はできるだけ同じであるようにした場合、夕食後にお酒を飲んだ夜はよく眠れたが、夕食後にお酒を飲まない夜はよく眠れなかったとしますと、夕食後にお酒を飲んだことがよく眠れたことの原因である、ということができるでしょう。

ところで一致法の場合は、たとえば庭の芝生の生え具合が悪いことの原因は多数考えられるので、仮説的に原因と考えられるものをできるだけ多く挙げなくてはならない、という難点があります。しかもそれらの多くの原因が複雑に絡み合ってある結果が生ずるということはよくあることであり、それらの原因のなかのどれが共通のものかを見い出すことは容易ではないケースが多いのです。ですから、原因が無数に考えられる場合は一致法を用いることは不可能でしょう。しかし差異法の場合は二つの事例で十分です。一つの事例では事情Aをくわえ、もう一つの事例では事情Aを除去して、事情Aのもとではaが生じて、事情Aが除去されるとaが消失する、ということを確かめればよいのです。差異法は因果法則を探究する実験的方法であり、つまり実験的にAという事情を設定して、その事情のもとでaが生ずるかどうかを確かめることによって、Aとaの因果関係を発見する方法です。差異法ではわれわれは自由にいろいろな実験を工夫することができますし、あるいは実験のための諸条件をコントロールすることができますので、より容易にかつ確実に原因を突き止めることができる、とミルはいいます。そういう意味で、ミルはかれのすべての帰納法のなかで差異法がもっともすぐれた方法であると考えています。

しかし差異法も仮説がなくては役に立たないことは容易にわかるでしょう。事情Aをくわえるかあるいは除去することによって、後続する事例に事情aが出現するか出現しないかを実験的に確かめるということは、あらかじめすでにAとaの間に何らかの因果的な関係が存在するのではないかという仮説があってはじめて可能なのです。夕食後にお酒を飲むとその夜はよく眠れるであろうという仮説があらかじめ考えられていて、その仮説にもとづいてはじめて、夕食後にお酒を飲む場合と飲まない場合の二つの事例における違いを確かめる差異法を適用することができるのです。ミルの差異法を用いるのに二つの事例で十分であるというのは、あらかじめ仮説を考えておいて、その仮説にしたがって二つの事例を実験的に設定し、二つの事例における違いをみれば問題の原因を突き止めることができるからです。こうして差異法も仮説なしには成り立たないということがわかります。

因果関係の探究には結果から原因を推論する場合と原因から結果を推論する場合があって、この二つの場合の推論の仕方には重要な違いがあります。以上で述べたミルの方法でいいますと、(1)の一致法は結果から原因を推論する方法であり、(2)の差異法は原因から結果を推論する方法である、といえるでしょう。一致法では、たとえば庭の芝生の生え具合が悪いという結果が生じて、日当たりの悪いことがその原因であろうと推論しています。つまり一致法の場合はいわば結果から原因へと遡って推論を行っており、それはパースがリトロダクション（遡及推論）と呼んだものの一種です（ただしパースのリトロダクションは因果法則の発見だけでなく、新しい事実の発見や、他の諸法則の発見や、理論の発見など、あらゆる次元における発見にかかわる仮説形成的推論であることはすでにまえの諸章で詳しく論じたとおりです）。これに対し、差異法ではたとえば夕食後にお酒を飲むことが原因となって、その夜はよく眠れるという結果が生ずる、というふうに原因から結果を推論しています。つまり差異法は夕食後にお酒を飲むとよく眠れるであろうという仮説を考えて、その仮説が予測している通りの結果が起こるかどうかを実験的に確かめるという方法です。簡単にいうと、一致法はある結果の原因について仮説を立てる推論の方法であり、差異法はある原因からどんな結果にいたるかを予測し、その予測を実験的にテストする方法です。こうしてミルの方法は仮説的推論を用いずには因果関係を究明する方法として役に立たないということは明らかでしょう。

4　仮説が事実をつくる

帰納法は実験と観察にもとづく客観的で実証的な方法です。したがって帰納法を科学の方法と考える帰納主義の思想は何よりも科学的探究の客観性と実証性を重視し強調するところにその重要な特徴があります。しかし帰納主義の考え方の欠陥は科学的探究の客観性と実証性を強調するあまりに（つまり科学的探究の客観性と実証性を損ねる恐れがあるという理由で）、科学的方法において仮説を用いることに対し懐疑的で、科学的探究における仮説の積極的な意義と役割を認めようとしないところにあります。

C・ヘンペルはたとえばつぎのような帰納主義の考え方を引用しています。「超人的な能力と広い知性を有するが、しかしその思考の論理的過程に関する限りは普通である人は……どのように科学的方法を用いるかということを想像してみると、その科学的方法の過程はつぎのようなものであろう。第一に、事実の取捨選択をしたり、あるいはそれらの事実の相対的な重要性に関してアプリオリな推定を下したりはせずに、すべての事実が観察され記録されるであろう。第二に、思考の論理に必然的に含まれている以外の仮説や仮定は用いずに、観察され記録された事実の分析、比較、そして分類が行われるであろう。第三に、それらの事実に関するこの分析から、それらの事実の間の分類上の諸関係または因果的な諸関係についての一般化が帰納的に行われるであろう。第四に、まえに確立された一般化からの推論を用いながら、さらに研究が帰納的にだけでなく演繹的にも行われるであろう[17]」。

この所見は、ヘンペルも「科学的探究に関する狭い帰納主義の考え方」といっているように、あまり思慮深い所見とはいえませんが、しかしこの考え方はかって実証主義の全盛期には広く支持されていたものであり、そしてそれは仮説や仮説的方法に対して懐疑的否定的な実証主義的帰納主義の立場をよく示しているように思うので、われわれもこの所見を検討してみることにします。いま引用した帰納主義の考え方でとくに強調されていることは、第一と第二の段階でいわれていますように、事実を観察し記録する際に、あるいは観察され記録された事実を分析し分類する場合、何らかの「推定」を下したり、「仮説」を用いたりしてはならない、ということです。つまり事実の取捨選択をしたり、あの事実よりもこの事実が重要であるというような推定的判断を下したりしないで、ただすべての事実を観察し記録すること、そして観察され記録された事実を分析し分類する場合、「思考の論理に必然的に含まれている以外の仮説や仮定」を用いてはならない、ということです。いいかえれば、科学的方法を正しく用いるためにはできるだけ仮説的推定は控えなくてはならない、というのです。そして科学的方法に対してこのような要請または制限がくわえられるのは、ヘンペルもいうように、こうした推定や仮説から偏見が生じて、探究の科学的客観性を危うくする恐れがあるという理由によるものと思われます[18]。

しかしヘンペルも批判していますように、右の引用文に述べられているような要請にしたがって科学的探究を実行することは不可能でしょう。実際、「すべての事実」を観察し記録せよという第一の要請からして、そもそも実行不可能でしょう。というのは、世界には無限の事実があり、文字通り「すべての事実」ということになると、われわれはいわばこの世の終わりまでのすべての事実を集めなくてはならないからです。しかしここで「すべての事実」といっているのは文字通りこの世の終わりまでのすべての事実ということではなく、たぶん研究中の問題に関連性のあるすべての事実ということでしょう。たとえば肺がんの原因について研究したいとき、研究者はたとえばわが国の自由民主党政権に対する国民の支持率とか、オウム真理教地下鉄サリン事件関連の裁判記録とか、木星の衛星に関する観察データなど、文字通りそういうすべての事実を集めなくてはならないでしょうか。もちろんそういうことは馬鹿げています。研究者が求めるのは研究中の肺がんの原因という問題に関連性があると思われる事実でなくてはならないでしょう（ある問題に関連性のある事実を集めるということは、すでに事実の取捨選択をしていることにほかなりません）。

しかし肺がんの原因という問題に関連性があると思われる事実を、われわれはどのようにして集めるのでしょうか。肺がんの原因はいろいろ考えられます。たとえば体質の遺伝とか、喫煙とか、大気汚染や職業汚染（塵やほこりの多い職場で長年働いて、気道の刺激を受けつづけること）とか、その他いろいろ考えられます。このように肺がんの原因はいろいろ考えられるとしますと、では研究者は問題に関連性のある事実をどのようにして集めるのでしょうか。たとえば体質の遺伝が原因であろうという推測にしたがって研究を進める場合、あるいは喫煙が主な原因ではないかという仮説を立てて研究する場合、あるいは大気汚染や職業汚染が原因かも知れないと疑って研究を行う場合、それぞれの場合に研究者は違う仮説にもとづいて違う事柄に着目しつつ研究を進めるのであり、したがって研究者はそれぞれの場合に関連性のある事実として、違う種類の事実を集めなくてはなりません。つまり体質の遺伝と肺がんの因果関係を調べるために集められる諸事実、煙草と肺がんの因果関係を確かめようとして集められる諸事実、あるいは大気汚染や職業汚染と肺がんの因果関係を想定して集められる諸事実——それらの事実はすべて違う種類の事実です。いいかえると、同じ問題（肺がんの原因という同じ問題）でも、探究の異なった段階において研究者がこの問題についてどんな判断を下し、どのような推測を行い、どういう仮説を思いつくかによって、どの事実が問題に関連性があるのか、どういう種類のデータを集めることが理にかなっているかが決まるのです。つまり関連性のある事実はとり組まれている問題だけで決められるのではなく、この問題に対して研究者が仮説的に思いつく解決の試案（たとえば肺がんの原因を体質の遺伝によるものと考えるか、喫煙によるものと考えるか、あるいは大気汚染や職業汚染によるものと考えるか、どの仮説をとるか）によって決められるのです。(19)

もっと卑近な例で考えてみましょう。たとえば海岸に変死体がみつかって、捜査が行われるとしましょう。問題は変死体の死因であり、変死体が何によって、どのようにして生じたかということです。しかし問題の変死体の死因についてはいくつかの可能性が考えられます。つまり事故死か、自殺か、あるいは他殺の可能性です。捜査官はまず、これらの可能性について何らかの推定や判断を下さなくてはなりません。仮にそれらの可能性のどちらとも判断しがたい場合は、捜査官は事故死、自殺、他殺などのすべての可能性を考えて、それらのすべての線に沿って、同時に並行して捜査を進めなくてはならないでしょう。しかし死体の状態や周辺の状況などから判断して、たとえば事故死であろうとほぼ断定できる場合は、捜査官は主に事故死という線に絞って(もちろん他の可能性も念頭におきながら)、何が原因で何時どのようにして事故が起こったかを調べ、事故死を裏づける捜査を行うでしょう。あるいは自殺の可能性があると判断される場合は、こんどは自殺の線に絞って聞き込み捜査を行い、自殺を裏づける証拠事実が集められなくてはなりません。事故死でも自殺でもなく、他殺の疑いありと認められるときには、捜査官はこんどは他殺という仮説のもとに、他殺に関する捜査を行い、他殺を裏づける事実を求めることになります。事故死や自殺に関して、それぞれの場合に異なった捜査が行われ、違う種類の事実が集められるように、他殺に関する証拠事実も、事故死や自殺の場合とは違う種類のものです。このように同じ変死体の死因という問題でも、それを事故死と判断するか、自殺と判断するか、あるいは他殺と判断するかによって、捜査の仕方も、必要な情報や証拠事実なども違ってきます。なお、他殺という線で捜査を行う場合は、さらに殺害の方法や場所や時間、犯行の動機や犯人像、それに単独の犯行か複数によるものか、などなどについて、捜査官はたえず何らかの推測を行い、何らかの仮説を立てたり立て直したりしながら、捜査を進めなくてはなりません。ちなみに、刑事コロンボが普通の捜査官と違い、銭形平次が万七親分ら他の岡っ引きと違うのは、つねに緻密な推理を行い、たえず仮説を立てながら、それらの仮説にしたがって着実に捜査を行うところにあります。仮説を立てるということは、つまり事件解決の見通しをつけることであり、何らの仮説も思いつかないということは捜査の行き詰まりを意味しています。こうして捜査は仮説によって導かれ、証拠事実は仮説にもとづいて集められるのです。

　科学的探究においても、同様に、探究は仮説によって導かれ、事実は仮説にもとづいて集められます。かつて実証主義者たちが掲げていたスローガンに、「事実をして自ら語らしめよ」というのがありました。まえに引用した帰納主義者の所見もこのスローガンにしたがったものでしょう。科学者個人の主観的な推測や判断から偏見が生じて科学的探究の客観性と実証性を危うくすることがないように、「事実をして自ら語らしめよ」というのです。しかしどのようにして事実は自らを語るのでしょうか。事実をして自ら語らしめるにしても、まず事実が集められなくてはなりません。誰かが事実を集めてそれらの事実に語らしめなくてはなりません。しかし事実を集める場合、われわれは何の考えも目的もなく、求められる事実の意味も考えずに、ただ無方針に事実をあれこれ集めることはしないでしょう。事実とはまさに事実としての意味をもつもののことであり、事実を集めるということはわれわれの関心や目的や考えにとって意味をもつ事実が選ばれ集められるということです。事実とはたんなる出来事ではなく、意味をもつ出来事であり、事実としての価値をもつ事象なのです。ある事象が事実としての意味または価値をもつものとなるのは、われわれがその事象に着目しその事象のうちに事実としての意味または価値を読みとるからであり、われわれがそれを必要かつ重要な事実として解釈し選択するからです。つまり探究者がかれの考えや仮説にもとづいて事実に意味を付与するのであり、事実が自ら語るのではなく、いわば研究者が事実に語らしめるのです。そういう意味で、N・R・ハンソンは「仮説が事実をつくる」とさえいっています[20]。

G・ホルトンとD・ローラーはかれらの大著『現代物理科学の基礎』(*Foundations of Modern Physical Science*, 1958) において、こう述べています。「生の事実だけでは科学に資することはできないというだけでなく、熱心にただ事実を集めることとそれ自体にとり組むという考え方もしばしば科学の進歩を遅らせてきた。J・B・コナントがいったように、〈科学は、新しい事実の蓄積によってではなく……新しい実り多い諸概念をたえず発展させることによって、進歩する〉。実験科学者がかれのよく整備された実験室で集中的に、先入観ももたずに、あらかじめ方針もなしに、ただ無心に観察を行っている、そういう姿を思い浮かべるのが一般的であるが、しかしそれは馬鹿げている。とりわけ実験器具が使われる場合は、たとえはじめの〈予備実験〉でも、そのための細かい検討があり、思案があり、計画があるのである。そういう非実験的活動なしには、どれだけ高い費用をかけてえた事実も無意味である」[21]。解釈をくわえられない生の事実の観察というものはありえません。事実の観察はつねに何らかの解釈や考え、何らかの方針や計画、何らかの概念や仮説にもとづいて行われるのです。そして科学の進歩は新しい実り多い諸概念や仮説をたえず発展させることによってもたらされるのです。

（1）Bertrand Russell, *A History of Western Philosophy* (Second Printing), Simon and Schuster, New York, 1945, pp.544〜45.

（2）Thomas A. Goudge, *The Philosophy of C. S. Peirce*, University of Toronto Press, 1950, p.163.

（3）ウィリアム・H・デイヴィス著、赤木昭夫訳『パースの認識論』（産業図書、平成二年）から再引用、七二頁。

（4）ベーコンからの引用は *The English Philosophers From Bacon To Mill* (edited by Edwin A. Burtt, Random House, Inc., 1939) を用い、なお引用文の翻訳には服部英二郎訳「ノヴム・オルガヌム」（『学問の進歩、ノヴム・オルガヌム、ニュー・アトランチス』、世界の大思想6、河出書房、昭和四十一年）を参考にしました。

（5）ベンジャミン・ファリントン著、松川七郎・中村恒矩訳『フランシス・ベイコン』（岩波書店、昭和四十三年）、一六五頁。

（6）William Kneale, *Probability and Induction*, Oxford University Press, London, 1949, p.53.

（7）ベンジャミン・ファリントン著、前掲書、一六四頁。

（8）同上、一六五頁。

（9）同上、一五〇〜五一頁。

（10）同上、一六二頁。

(11) *Theorie of Scientific Method: The Renaissance through the Nineteenth Century*, (ed, by Edward H. Madden, 1960), p.227.

(12) John Stuart Mill, *A System of Logic*, Spottiswoode, Ballatyne & Co. Ltd. London & Colchester, 1961, p.186.

(13) *Ibid.*, p.188.

(14) *Ibid.*, p.200.

(15) *Ibid.*, p.255.

(16) *Ibid.*, p.256.

(17) Carl G. Hempel, *Philosophy of Natural Science*, Prentce-Hall Inc., Englewood Cliffs, N.J., 1966, p.11.

(18) *Ibid.*

(19) *Ibid.*, p.12.

(20) ノーウッド・R・ハンソン著、野家啓一・渡辺博訳『知覚と発見』下巻、(紀伊國屋書店、一九八二年)、三五頁。

(21) Gerald Holton, Duane H.D. Roller, *Foundations of Modern Physical Science*, Addison-Wesley Publishing Company, Inc., Reading, Massachusetts, 1958, p.241.

第七章　W・ニールの「仮説的方法」

1　「一次的帰納」と「二次的帰納」

われわれはまえの章で、ベーコンやミルの古典的な帰納法の考え方を批判的に検討しつつ、帰納主義の考え方の欠陥は科学的方法において仮説が果たす役割について明確な概念を欠いているところにある、ということをみてきました。そして帰納主義者たちが仮説や仮説的方法というものに強調をおかない（あるいはしばしば懐疑的否定的にさえなる）のは、つまり科学者が仮説や仮説的方法を用いると、科学者個人の先入観や主観的判断から偏見が生じて科学的探究の客観的実証性を危うくする恐れがあると考えるからである、と述べました。

しかしこうした考え方に対し、ここにもう一つの帰納主義の考え方があります。ウィリアム・ニール（William Kneale）の科学的方法に関する考え方がそれです。かれによると、そもそも科学の諸法則や理論は本来仮説的性質を有するもので、とりわけ直接には観察できない理論的諸対象――たとえば重力、分子・原子、電磁場、量子世界の諸現象など――はまさしく仮説的対象なのであり、それらの対象をとり扱う方法は仮説的方法（hypothetical method）にほかなりません。そして現代の、とくに物理科学のめざましい発展は何よりも仮説的方法によるものであり、仮説的方法の顕著な成果なのです。このように、ニールは科学の方法には普通の帰納のほかに、仮説的方法というもう一つのすぐれた方法が存在し、とくに直接には観察不可能な理論的仮説的対象をとり扱うには仮説的方法によらなくてはならない、と説いています。しかしわれわれがこのニールの所見をもう一つの帰納主義と呼ぶのは、これからみるように、ニールは問題の仮説的方法を帰納とは違う種類の思惟または推論の方法と考えるのではなく、その仮説的方法も帰納の一種とみなし、帰納の概念に含めて考えているからです。このニールの仮説的方法の考え方はわれわれが本書で論じているパースのアブダクション（仮説形成法）の考え方とは重要な違いを示しており、本章ではこのふたりの考え方の違いを考察しつつ、あらためて科学における「仮説」、「仮説的方法」というものについて考えてみたいと思います。

さてニールは、かれの著書『確率と帰納』(*Probability and Induction*, 1949) において、ニュートンがかれ自身の科学的方法に関して述べている所見を批判しつつ、ニュートンの「仮説的方法」(hypothetical method) について論じています。まえに（第二章でも）述べましたが、ニールはニュートンの「わたくしは仮説をつくらない（hypotheses non fingo）」という有名な言葉をとりあげて、この言葉はニュートンが実際に行っていることと一致しない、といいます。ニールによると、実際、ニュートンは物質に関する原子仮説や光の粒子説など多くの仮説を支持しているだけではなく、かれ自身大いに「仮説的方法」を用いており、とりわけかれの万有引力の原理と運動の理論は仮説的方法の偉大な成果です。こうした自らの成果について、ニュートン自身はそれらは現象からの直接的帰納の方法によるものと考えていたようですが、しかし万有引力のような直接には観察不可能な対象に関する仮説は普通の直接的帰納によってえられるものではなく、それは仮説的方法によってはじめて確立しうるものなのです。このように考えて、ニールは科学の方法について考察する場合、普通の帰納を考えるだけでは不十分であり、仮説的方法というものを考えずには現代の物理科学の発展とその本質的特性を理解することはできない、と論じています。

しかしニールはその仮説的方法を帰納（induction）とは異なる種類の思惟または推論の方法と考えるのではなく、その仮説的方法も帰納の一種と考えて、それを「二次的帰納」（secondary induction）と称し、そして普通の帰納を「一次的または直接的帰納」（primary or direct induction）と呼んでいます。ニールはいいます、「最善のとり決め方は、〈帰納〉という言葉の用法を拡大してこの仮説的方法までも含めるようにし、しかし同時に、この仮説的方法における帰納の特性を示すために〈二次的〉という形容詞をつけることである。もしわれわれがそういう推論を帰納と呼ぶことを拒否するとしたら、この帰納と一次的または直接的帰納との間の明らかな関心の連続性を無視し、それらが共通にもっているものについて論ずることをますます難しくしてしまうことになるであろう。一方、この仮説的方法を帰納の形式として説明する際に何らの形容的表示も与えないとしたら、われわれは重要な相違を見落としてしまうことになろう」[1]。このように、ニールは普通の帰納と仮説的方法をともに帰納と考えて、そのうえで、この二種類の帰納を「一次的または直接的帰納」と「二次的帰納」と呼んで区別することが、この二つの方法の連続性や共通性を理解するとともに、それらの相違を示すうえで最善のとり決め方である、といいます。では、この二種類の帰納はどのように違うのでしょうか。そして仮説的方法の帰納としての特性とはどのようなものでしょうか。あるいはその仮説的方法によって形成される「仮説」とはどのようなものでしょうか。

ニールによると、普通の帰納（一次的または直接的帰納）と仮説的方法（二次的帰納）の違いはそれらの方法がとり扱う対象の違いにあります。普通の帰納がとり扱う対象はわれわれの日常経験における直接知覚可能な対象（たとえばわれわれの目のまえにある机や椅子や石など）――それをニールは「知覚的対象」（perceptual objects）と呼びます[2]――であり、仮説的方法がとり扱う対象はその対象がはじめて概念化された当時の科学的知識の段階では実際的にも原理的にも直接には観察不可能な対象（たとえば重力、分子・原子、量子世界の諸現象など）――ニールはそれを「超越的対象」（transcendent objects）と呼びます[3]――というものです。そしてかれによると、普通の帰納は直接観察可能な知覚的対象の世界における経験的諸法則を確立する思惟の方法であり、一方、仮説的方法は直接には観察不可能な超越的対象に関する仮説——ニールはそれを「超越的仮説」(transcendent hypothesis) と呼びます(4)——を形成する思惟の方法なのです。普通の帰納と仮説的方法はそれぞれ違う対象をとり扱う異なる種類の帰納的方法ですが、しかしこの二種類の帰納は連続しています。つまり普通の帰納は知覚的対象の世界における経験的諸法則を確立し、そして仮説的方法は普通の帰納によって確立された経験的諸法則を理論的に説明するために超越的対象の概念を形成し、「超越的仮説」を確立する思惟の方法なのです。

なおニールによると、知覚的対象と超越的対象はまったく違う種類の対象ですから、それらの対象の概念を混同しないために、それらの対象について語るための違う言葉が必要です。かれは知覚的対象をいい表わす言葉を「知覚的対象用語法」(perceptual object terminology) と称し(5)、超越的対象をいい表わす言葉を「超越的対象用語法」(transcendent object terminology) と呼んで(6)、つぎのようにいいます。「こういういい方は科学者たちの間で普通に行われているというものではないが、しかし私は、超越的対象用語法は真にまったく新しい言語であって、知覚的対象用語法にたんに追加されたものではない、ということを示したいと思う。この二つの用語法の表現を混ぜ合わせようとすると、われわれは重大な混乱に陥るであろう。たとえば〈机〉という言葉は、ある文脈では〈分子の集まり〉という表現に翻訳するのはまったく正しいけれども、しかし私はいま分子の集まりをみているというとしたら、それは馬鹿げている(7)」。このようにニールは知覚的対象と超越的対象の概念を明確に区別するために、それらの対象について語るにはまったく違う用語法が用いられなくてはならない、といいます。

2　普遍的立言と単称的立言

ところで帰納は一般化の方法です。ということは、つまり一次的帰納であれ二次的帰納であれ、あらゆる種類の帰納はある種の事象一般、あるクラスのすべての事象というような一般的事象——つまり一般化の対象となりうるような一般的事象——にのみ適用されるのであり、特定の事実の問題には適用できない、ということです。そして帰納によって確立される立言はつねに普遍的（全称的）立言（たとえば、「すべての物体間に働く重力は……」という形の普遍的立言）でなくてはなりません。つまり普通の帰納（一次的帰納）も仮説的方法（二次的帰納）も普遍的（全称的）立言を確立する思惟の方法なのです。しかしその違いは、普通の帰納が直接観察可能な知覚的対象に関する普遍的立言（経験的諸法則）を確立するのに対し、仮説的方法は直接には観察不可能な超越的対象に関する普遍的立言、すなわち「超越的仮説」を形成する、というところにあります。

たとえばボイルの法則は普通の帰納によって確立された知覚的対象に関する普遍的立言（経験法則）であり、気体分子運動論は仮説的方法によって形成された超越的対象に関する普遍的立言、すなわち超越的仮説（理論）の例です。ボイルの法則が立言している気体の性質（気体の温度、体積、圧力、およびそれらの間に成り立つ規則性）は観察可能な知覚的対象であり、つまりこの法則は観察された気体の事例のなかに見出される規則性（温度が一定のとき、気体の体積と圧力の間に成り立つ規則性）は、まだ観察されていないがしかし観察しようと思えば直接観察可能なあらゆる気体において成り立つ、ということを主張している普遍的立言です。一方、気体分子運動論は、気体の性質（知覚的対象）に関する経験法則について、その法則がなぜ成り立つかを説明するために、直接には観察不可能な「気体分子の運動」というものを仮定している超越的仮説です。この場合、ボイルの法則は気体の圧力とか体積という知覚的対象用語法で述べられた普遍的立言であり、気体分子運動論は分子の運動という超越的対象用語法で述べられている普遍的立言です。ニールは普通の直接的帰納によって確立される普遍的立言も仮説とみなしうるといいますが、しかしそれは超越的仮説ではありません。かれにとって仮説とは仮説的方法によって確立される超越的仮説のことであり、それこそ本来の意味の科学的仮説なのです。

われわれはさきほど、仮説的方法（二次的帰納）は一般的事象にのみ適用されるのであり、したがってそれによって確立される「仮説」はその本性上普遍的（全称的）立言でなくてはならない、と述べました。ということは、いいかえると、仮説的方法は事実の問題にはかかわらない、つまり新しい事実の発見にかかわる仮説の形成には適用されない、ということです。新しい事実の存在を予測する立言は単称的立言であり、したがってそれは帰納（一次的および二次的帰納）によって確立された立言ではないので、それは仮説になりえない、というのです。

この点に関して、ニールはたとえば太陽系の起源に関する仮説である星雲説（カントとラプラスが唱えたもの）を例にあげて、この仮説はある種の一般的事象に関する普遍的立言ではなく、それはむしろ、たとえばストーンヘンジ（イギリスのイングランド南部、ソールズベリー平野にある紀元前一七〇〇〜一二〇〇年頃の巨大な遺跡）の起源に関する考古学的仮説に似ている、といいます。この種の仮説――ニールはそれらを「歴史的仮説」（historical hypothesis）と呼びます[8]――は過去に起こった特定の一回的事実に関する単称的立言です。それらの「歴史的仮説」は、いくつかの経験的帰結や実証的事実によって完全に確証ないし反証できるような普通の一回的事実に関する立言と同じ種類のものであり、ただそれらの仮説は過去の歴史的事実について言明しているという違いがあるだけです。しかしたとえば物理学の「超越的仮説」（万有引力の原理、気体分子運動論など）は直接には観察不可能な超越的対象に関する普遍的立言です。この種の仮説は、その仮説から諸予測を導き出し、それらの諸予測が経験的事実と一致するかどうかを確かめることによって間接的に確認しうるだけであり、直接観察によって完全に検証することができるようなものではありません。歴史的仮説は物理学の仮説的方法によって確立される超越的仮説とは論理的性格がまったく違うものです。歴史的仮説が主張しているのは事実の問題（matters of fact）であり、しかし超越的仮説が主張しているのは原理の真理（truths of principle）なのです[9]。

3　ニールの「仮説的方法」の難点

以上でみてきましたように、ニールは普通の帰納と仮説的方法を帰納の概念に含め、そのうえで、それらの帰納をそれぞれ「一次的帰納」、「二次的帰納」と呼んで区別しています。しかしこの二種類の帰納的思惟について、ニールはさらにこう述べています。「もし〈帰納〉というものを、事例を考察することによってそれらの事例を含む普遍命題を確立する思惟を意味すると解するならば、われわれはこの言葉を超越的仮説を形成する思惟に適用することはできない。なぜなら、そういう仮説の本質的特性はある種の観察可能なものをある別の種類の観察不可能なものに関連づけるというところにあるからである」[10]（傍点は引用者による）。このニールの所見は、普通の帰納と仮説的方法はまったく違う種類の対象をとり扱うのであるから、それらの方法の違いはたんに二種類の帰納の違いというものではなく、もっと本質的に違う種類のものでなくてはならない、と述べているようにも思えます。帰納は観察された事例からそれらの事例が属するクラス全体について一般化を行う思惟であり、帰納はつまりわれわれが事例のなかに観察したものと類似の現象の存在を推論します。しかし「帰納」というものをそういう意味に解しますと、この言葉は超越的仮説を形成する仮説的方法に適用することはできないのではないでしょうか。なぜなら、普通の帰納とは違って、仮説的方法の本質的特性は「ある種の観察可能なものをある別の種類の観察不可能なものに関連づけるというところにある」からです。たとえば気体分子運動論は、気体の性質に関する経験法則を説明するために、観察された気体の性質とは違う別の種類の、しかも直接には観察不可能な気体分子の運動を仮定しているのです。これは普通の帰納とは本質的に違うタイプの思惟であると考えるのが至当ではないかと思われます。

　このニールの所見は、パースの帰納とアブダクションの相違に関するつぎの所見と一見よく似ています。まえにも引用しましたが、パースはいいます、「帰納とアブダクションの大きな相違は、前者の場合はわれわれが事例のなかに観察したものと類似の現象の存在を推論するのに対し、仮説はわれわれが直接観察したものとは違う種類の何ものか、そしてしばしばわれわれにとって直接には観察不可能な何ものかを仮定する、という点にある」（第三章で仮説の種類について述べた際にも述べましたが、このパースの所見における傍点を付した「しばしば」という言葉に注意していただきたいと思います。この点についてはあとで述べます）。つまりニールも、パースと同様、「帰納」という言葉を観察された事例からそれらの事例が属するクラス全体について一般化を行う思惟を意味するものと解するならば、この言葉は仮説を形成する思惟に適用することはできないと考えているように思えます。なぜなら、「仮説はわれわれが直接観察したものとは違う種類の何ものか、そしてしばしば直接には観察不可能な何ものかを仮定する」（パース）からであり、「そういう仮説の本質的特性はある種の観察可能なものをある別の種類の観察不可能なものに関連づけるというところにある」（ニール）からです。

しかしこのように一見完全に一致しているようにみえるパースとニールの考え方には重要な違いがあります。その違いは、パースが帰納とアブダクション（仮説的方法）を違う種類の思惟の方法と考えているのに対し、ニールは仮説的方法も帰納（二次的帰納）と考えている、というところにあります。しかしニールはかれの仮説的方法について、それはどんな方法なのか、あるいはどんな帰納法なのか、つまり仮説的方法によって、どのようにして観察された事例からそれらの事例とは違う別の種類の直接には観察不可能な超越的対象の概念を形成し、どのようにして超越的仮説を確立するのか、ということについては何も述べていません。もし仮説的方法が帰納であり、帰納は一般化の方法であるとしますと、では仮説的方法は一般化の方法によって、どのようにして「ある種の観察可能なものをある別の種類の観察不可能なものに関連づける」ことができるのでしょうか。しかしニールはこうした問いには何もこたえていません。

ではひとまず以上で述べたことを要約して、それからニールの考え方についてさらに検討することにしましょう。ニールは科学の方法には普通の帰納のほかに、仮説を形成する仮説的方法が存在すると説いていて、科学における仮説や仮説的方法の重要な役割を強調しており、その点では、かれの考え方は一般の帰納主義者たちの考え方とは違います。しかしかれは仮説的方法も帰納の概念に含めて考えていて、そのうえで、仮説的方法の帰納としての特性を示すために「二次的」という形容的表示をつけて、それを普通の一次的直接的帰納から区別しています。そしてニールは仮説的方法の帰納としての特性について、つぎのように考えています。(1)普通の帰納は直接観察可能な知覚的対象の世界における経験的諸法則を確立するのに用いられるが、仮説的方法は普通の帰納によって確立された経験的諸法則を包括的にかつ体系的に説明しうるような「超越的仮説」（理論）を形成する思惟の方法です。(2)普通の帰納も仮説的方法も帰納であり、帰納は一般化の方法ですから、それらの方法によって確立される立言は普遍的（全称的）立言でなくてはなりません。しかし仮説的方法によって形成される超越的仮説は普通の帰納によって確立される経験的諸法則に理論的説明を与えるものですから、超越的仮説はそれらの経験的諸法則よりもさらに高次の、もっとも一般的普遍的な性格を有する立言である、ということができます。なお、仮説的方法は一般的事象にのみ適用されるのであり、特定の一回的事実の問題には適用できないので、したがって事実の問題に関する単称的立言は仮説になりえません。そして(3)超越的仮説は完全検証のできない原理の真理を言明するものです。

　しかしこのニールの仮説および仮説的方法の考え方は帰納主義の欠陥を解消するどころか、むしろ新たな難点を多々呈しています。ニールは折角、普通の帰納と仮説的方法を区別し、とくに仮説的方法をすぐれた科学的方法として重視していながら、しかしかれは仮説的方法も帰納の一種と考えているために、では帰納的方法によってどのようにして仮説（超越的仮説）が形成されるのか、あるいは科学的発見において仮説というものがどんな役割を果たすのか、ということを示すことができないだけでなく、普通の帰納と仮説的方法の思惟の過程にはどんな違いがあるのか、それともそれらの方法の違いはそれらがとり扱う対象に違いがあるというだけのものなのか、明確に示すことができません。普通の帰納と仮説的方法は知覚的対象と超越的対象というまったく異なる種類の対象をとり扱うものであり、そのうえニールはこの二種類の対象について語るのに違う用語法が必要であることを強調しているほどですから、その方法は違うものでなくてはならないと考えられますが、しかしニールはその違いを「一次的帰納」と「二次的帰納」と呼んでいるだけであり、この二種類の帰納の方法論的違いについては何も述べていません。しかし以上の考察から、ニールのいう「仮説的方法」はパースのアブダクションとはまったく違うものであることは明らかであり、われわれは以下で、ふたりの仮説の概念の違いを検討してみることにしましょう。

4　アブダクションとニールの仮説的方法の違い

まえに（第五章で）あげた例ですが、たとえばアダムスとルベリエによる海王星の発見の場合を考えてみましょう。この例は科学的仮説とはどういうものか、仮説の形成は科学的発見においてどんな役割を果たすのか、ということについて、ニールの帰納主義の考え方とは非常に違うことを教えています。アダムスとルベリエは天王星の変則的な摂度を説明するために、天王星の外側に未知の天体があってそれが天王星の軌道に影響を及ぼしているのではないか、と推測しました。これは立派な仮説（アブダクティブな推論）であり、この仮説によって海王星は発見されたのです。しかしこの仮説は観察可能な知覚的対象（望遠鏡で観察可能な一個の天体）に関する単称的立言です。しかしニールによると、かれの仮説的方法は知覚的対象にはかかわらず、もっぱら直接には観察不可能な超越的対象にのみかかわるのであり、そして仮説的方法によって確立される「仮説」（超越的仮説）は普遍的（全称的）立言でなくてはなりません。しかしアダムスとルベリエの仮説は一個の未知の天体の存在について言明している単称的立言です。この海王星の発見の例について、W・C・サモンもつぎのように述べています。この例は「仮説というものが必ずしも全称的立言である必要はないということを示している。アダムスとルベリエが天王星の摂度を説明しようと試みたとき、かれらは一個の未発見の遊星が存在するという仮説をたてたのである」。つまり、「単称的な立言でも仮説となりうるのである」[11]（ただしサモンも仮説を帰納の概念に含めて考えています）。

ニールにとって仮説とは直接には観察不可能な超越的仮説的対象に関する超越的仮説を意味し、そして超越的仮説というものは完全検証のできない原理の真理を主張するものです。そしてかれはその超越的仮説こそ、本来の意味の科学的仮説であると考えています。しかしこのニールの所見は、「仮説」という言葉を字義どおりに解して、仮説とは直接には観察不可能な仮説的対象に関する立言であるから仮説なのであり、完全検証ができない、したがっていつまでも仮説であり続けるという意味においてまさに仮説と呼ぶに相応しい、と述べているにすぎないように思えます。

しかしアダムスとルベリエによる海王星の発見の例が教えていることは、仮説というものが科学的発見においてどんな役割を果たすのか、ということです。この例が示しているのは、つまり仮説というものは問題解決のための試みの解答であり、新しい真理の発見にいたるためのいわば方向づけ・指針としての役割を果すものである、ということです。アダムスとルベリエは天王星の変則的な摂度の問題を解決するために、ニュートンの理論を捨てるかわりに、未発見の天体が存在するという仮説を立てましたが、しかし一方、この問題に関して、計算の基礎にあるニュートンの理論が破れているという考え方もあったのです（あるいはそのほかにもいくつかの仮説が考えられていました）。どちらの仮説をとるか――ニュートンの理論は破れていると考えるか、それともニュートンの理論は正しいとして、ほかに未知の天体が存在すると考えるか、あるいはそのほかの仮説をとるか――は、もちろんその後の探究の行方を大きく左右します。つまり探究がうまくいくかどうか、新しい真理の発見に成功するか否かは、仮説の立て方いかんにかかっているのです。アダムスとルベリエによる未知の天体の理論的予言が海王星の発見へ導いたのであり、こうした理論的予言こそ、科学的仮説の重要な役割です。科学における仮説形成（アブダクション）の重要性はまさに科学的発見へと導くその役割にあるのです。

われわれはまえに、ニールの仮説の概念はパースの仮説の概念と一見よく似ていると述べました。もういちど引用しますと、ニールはいいます、「そういう仮説（超越的仮説）の本質的特性はある種の観察可能なものをある別の種類の観察不可能なものに関連づけるというところにある」。

そしてパースは「仮説はわれわれが直接観察したものとは違う種類の何ものか、そしてしばしば、直接には観察不可能な何ものかを仮定する」と述べています。この二つの仮説の概念は、パースが「しばしば」といういい方をしているところを除けば完全に一致しているようにみえます。しかしこの「しばしば」という言葉がふたりの仮説の概念を大きくわかつ重要な点なのです。第四章でも述べましたが、パースのアブダクションは事実の発見、法則の発見、理論の発見などあらゆるレベルにおける発見にかかわりますから、したがって仮説はいつも観察不可能なものにのみ言及するとは限らず、もちろん観察可能なものに言及する仮説もあります。そういう意味で、パースは「しばしば」といういい方をしているのです。しかしこれに対し、ニールにとって仮説とは直接には観察不可能なものに言及する超越的仮説のみを意味しています。われわれがたびたび引用してきたパースの仮説の例——たとえば陸地のずっと内側で魚の化石のようなものがみつかって、この現象を説明するためにこの一帯の陸地はかつては海であったに違いないと考える仮説、あるいはナポレオン・ボナパルトという名前の支配者に関連している無数の文書や遺跡の存在を説明するために、ナポレオンは実在の人であったと考えなくてはならないという仮説——は観察不可能なものに言及していますが、しかしそれらの観察不可能な対象と物理学の超越的理論的対象とはまったく違う種類の対象です。これらの仮説はニールが「歴史的仮説」と呼んでいるもの（たとえば星雲説やストーンヘンジの起源に関する考古学的仮説など）と同じ種類のものであり、つまりそれらの仮説は過去に起こった特定の一回的事実に関する単称的立言です。しかしニールのいう普通の帰納も仮説的方法も一般的対象（一般化の対象になる事象のクラス）にのみ適用されるのであり、事実の問題（matters of fact）には適用できません。したがってそれらの事実の発見（たとえば海王星の発見など）にかかわる仮説は仮説とは考えられていないのであり、ニールの帰納法ではそれらの事実の発見がどのようにして行われるかは説明不可能な謎なのです。

5　一次的帰納と二次的帰納の確率

ニールはかれの一次的帰納（普通の帰納）と二次的帰納（仮説的方法）の区別について、さらにこう述べています。「帰納の違う段階の間の区別を認めているある著者たちは、二次的帰納は一次的帰納によってえられた結果に依拠しているのであるから、したがって二次的帰納によってえられる結果は当然、一次的帰納の結果よりも信頼性の低いものでなくてはならないと考えてきた。しかし私はこの見解は間違いであり、そしてそれは二つの段階の間の関係に関する誤解から生じていると思う[12]」。いいかえると、仮説的方法によってえられる超越的仮説はその確からしさ（確率）において、普通の帰納によってえられる経験的諸法則よりも低いものである――つまり超越的仮説は経験法則よりも反証される危険性が高い――と考えるのは間違いであり、この二種類の帰納の信頼性には差はないというのです。たとえばただ一つだけの法則を説明するために確立された超越的仮説があるとしますと、その仮説はそれが説明するただ一つの法則よりもはるかに包括的ですから、その場合は超越的仮説はそれが説明している法則よりも反証される危険性が高いといえるでしょう。しかし通常は超越的仮説というものは多くの経験法則を説明しうるものです。そこで、たとえばある超越的仮説Hとそれによって説明される諸法則、たとえばL_1、L_2、L_3の関係について考えてみましょう。それらの法則L_1、L_2、L_3はすべて仮説Hから帰結するものであり、したがってそれらの法則が実証されますと、それらは仮説Hのための実証的証拠になります。つまり仮説Hから導かれるあらゆる帰結を支持する証拠はすべて仮説Hを支持する証拠になりますから、したがってこうした証拠の集積によって仮説Hの確率はいっそう増大することになります。このように普通の帰納によってえられた諸法則が実証されればされるほど、それらの法則はそれらを説明するために仮説的方法によって確立された超越的仮説を支持する確証ともなりますから、よって経験的諸法則と超越的仮説の間には確率の差はない、というのです。

こうしてニールは一次的帰納と二次的帰納の連続性を強調し、この二種類の帰納によってえられる結果には確率の差はないと説いていますが、しかしわれわれが知りたいのは、この二種類の帰納の結果が確証されたのちのそれらの確率ではなく、そもそも一次的帰納によってどのようにして諸法則が確立され、それらの諸法則を説明するために二次的帰納によっていかにして超越的仮説が形成されるのかということであり、この二種類の帰納の推論の方法にどんな違いがあるのかということです。ニールは「もし〈帰納〉というものを、事例を考察することによってそれらの事例を含む普遍命題を確立する思惟を意味すると解するならば、われわれはこの言葉を超越的仮説を形成する思惟に適用することはできない」として、普通の帰納と仮説的方法における思惟には重要な違いがあることを強調しています。その違いというのは、繰り返し述べていますように、普通の帰納が観察可能な知覚的対象のクラスにおける部分から全体への一般化の思惟であるのに対し、仮説的方法は観察可能なものをそれとは違う種類の、直接には観察不可能な超越的対象に関連づける思惟である、ということです。しかしニールは普通の帰納と仮説的方法における思惟の方法については何も語らず、この二種類の方法をそれぞれ一次的帰納、二次的帰納と呼んで帰納の概念に含めています。としますと、仮説的方法が帰納の一種であるということは、それは普通の帰納と同様、観察データにもとづく一般化の方法であるということになるのでしょうか。もしニールが仮説的方法も経験からの一般化の方法と考えているとしたら、それは普通の帰納と何ら変わるところはない、といわなくてはならないでしょう。

ここでもういちどパースのアブダクションの考え方を思い起こしていただくと、かれのアブダクションとニールのいう仮説的方法はまったく違うものであることがわかるだけでなく、パースの科学方法論的思想が帰納主義の思想とは基本的に違うものであるということがよく理解できるでしょう。パースの所見では、経験的実在の世界に関する知識を拡張するために用いられる拡張的推論にはアブダクションと帰納の二種類があって、アブダクションは仮説を発案し発見の見通しを立てる拡張的推論であり、帰納はアブダクションによって提案された仮説をテストし正当化する拡張的推論です。この二種類の拡張的推論は科学的探究においてそれぞれの役割を果たしつつ、かつたがいに密接にかかわり合っていて、帰納がその役割を果たすためには、帰納に先立ってアブダクションによる仮説の提案がなくてはなりません。つまり帰納の仕事は仮説が示す諸予測にしたがって、それらの予測がどれだけ経験的事実と一致するかを確かめることであり、したがって帰納が何についてどんな観察や実験を行うかはアブダクションの指示によるのです。まえにも引用しましたが、パースはいいます、「帰納の仕事はリトロダクティブな手続きによってすでに提案されているある仮説をテストすることであり、帰納がとるべき唯一の健全な手続きは、まずその仮説からそれが示唆するものを受けとり、それが仮定的に行う経験の予測をとりあげることであり、そして実験を行い、その仮説が実質的に予測している通りになるかどうかをみることである」(CP:2.755)。いいかえると、あらかじめアブダクションによる仮説の提案がなくては帰納はその役割を果たすことはできないのであり、仮説なしには帰納的方法は成り立たない、ということです。

アブダクションと帰納の拡張的機能はある種の「飛躍」によって行われるのであり、この二種類の拡張的機能の違いはそれらの推論の過程における「飛躍」――つまり帰納的飛躍と仮説的飛躍の違い――にあることはまえに述べました。帰納的飛躍は観察可能な同種の事象のクラスにおける部分から全体への一般化の飛躍であり、これに対し、仮説的飛躍はわれわれが直接観察したものからそれとは違う種類の何ものか、そしてしばしば直接には観察不可能な何ものかを仮定する創造的推測の飛躍です。帰納的飛躍はある一群の事実から同種の他の一群の事実を推論する飛躍ですが、これに対し、仮説的飛躍は一つの種類の事実から別の種類の事実を推論する飛躍であり、「われわれの観察の限界をはるかに超える」推測の飛躍です。したがって帰納とアブダクションの推論の可謬性には明白な違いがあります。つまりアブダクションは帰納よりもいっそう可謬的な弱い種類の推論であり、パースによると、この違いが帰納とアブダクションを区別する第一の理由なのです。

結論をいいますと、ニールは折角、科学的方法には普通の帰納のほかに、超越的仮説を形成する仮説的方法があることを説いていながら、しかしかれの帰納法もベーコンやミルらの帰納法と同じ欠陥に陥っています。それはつまり、帰納法を用いるには帰納法に先立ってあらかじめ仮説の提案が必要であり、帰納的探究は仮説によって導かれるという仮説の概念が欠如していることです。ニールのいう仮説的方法は帰納法であり、それは帰納的探究を導くための仮説を形成する方法ではありません。科学的仮説とは超越的仮説のみを意味しているのではなく、われわれを科学的発見へと導くいっさいの仮説（発想、洞察、推測）を意味しており、仮説の役割は発見の見通しを立てて探究を方向づけ導くことです。しかしニールがこうした仮説の概念を認めず、あるいは理解できないのは、帰納法を科学的発見の方法と考える伝統的な考え方に固執しているからでしょう。

（1）William Kneale, *Probability and Induction*, Oxford University Press, Amen House, London, 1949, p.104.
（2）*Ibid.*, p.81.
（3）*Ibid.*, p.93.
（4）*Ibid.*, p.92.
（5）*Ibid.*, p.85, p.95.
（6）*Ibid.*, p.95.
（7）*Ibid.*
（8）*Ibid.*, p.104.
（9）*Ibid.*, p.106.
（10）*Ibid.*, pp.103〜104.
（11）W・C・サモン著、山下正男訳『論理学』（培風館、一九六七年）、一四九頁。
（12）William Kneale, *op.cit.*, p.107.

第八章　G・ポリアの「発見的推論」

1　数学における発見

アブダクションは本来、経験的実在の世界に関する知識を発見し拡張する推論の方法です。しかし創造的発見や発明というのはわれわれのあらゆる知的探究の領域で行われているのであり、たとえば数学、形式論理学などの演繹的な論証の科学においても行われています。もちろん発見のための演繹の規則というものは存在しないのですから、数学や形式論理学などの論証科学は演繹的推論を用いますが、それらの科学における発見は演繹とは違う種類の何らかの推測または推論によって行われると考えなくてはなりません。C・ヘンペルはアブダクションのような論理的な推論の存在を認めませんが、しかしかれは数学における創造的発見についてこう述べています。「興味深いことに、想像力と自由な発明は、もっぱら演繹的推論だけによってその結果の正当性が立証されるような学問、たとえば数学においても、同じように重要な役割を演ずるのである。というのは、演繹的推論の諸規則もまた、発見のための機械的な規則を提供しはしないからである」[1]。「数学における重要で実り多い定理の発見には、経験科学における重要で実り多い理論の発見と同様に、発明的創意が必要であり、想像的な洞察力に富む推測が要求される。しかしまた、科学的客観性ということの重要性は、そのような推測は客観的に立証されなくてはならないという要請によって保護されているのである。数学においては、このことは公理からの演繹的導出による証明を意味している。そして数学においてある定理が推測によって提案されると、その定理の証明または反証を考えるにも、しばしば非常に高度な力量の発明の才と創意が必要なのである」[2]。では、数学における発見はいかにして、どんな推論によって行われるのでしょうか。

こうした興味深い問いにこたえている数学者がいます。アメリカの著名な数学者G・ポリア(G. Polya)がその人です。ポリアは数学における発見も、経験科学における発見と同様に、蓋然的ではあるがしかしちゃんとした根拠にもとづく推論によって行われるのであり、そしてその発見的推論の方法は教え学ぶことができるものである、と唱えています。ポリアの著書『いかにして問題をとくか』(*How to Solve It*)の訳者である柿内賢信氏はこの本の翻訳を思い立った理由についてつぎのように述べています。「単に数学を教え、あるいは数学を学ぼうとする人たちにだけではなく、原著者がいっているように自然科学を教え、学び、またはこれを研究する人々にも、さらには又なにか新しい創造の仕事に携わろうとする人たちならば誰にでも是非よまれるべき本であると信じたからである」(3)（もうかなりまえになりますが、筆者は日本創造学会編『創造の諸型』で柿内氏のこの訳書の書評を書く機会があって、ポリアの発見法を知りました）。この章では、ポリアの数学における発見的推論の方法について、パースのアブダクションとの関連において考えてみたいと思います。

ポリアは解析学、整数論、確率論、応用数学などの広い分野で多くの業績があり、さらに数学教育の分野でもよく知られていますが、とくにかれを著名にしているのは、「発見法的」（heuristic）見地から数学の教え方、学び方を説いていることです。「発見法的」見地から数学を教え学ぶというのは、つまり数学の発見的創造的側面をとくに重視し、数学において創造的な仕事をするための、その基礎となる思考の方法または推論の仕方を教え学ぶということです。ポリアは帰納法を科学的発見の方法と考えていて、数学においても発見的創造的研究は蓋然的な帰納的推論によって行われる、と考えています。しかしこれからみるように、実際にはポリアが示している「発見的」推論の形式は普通の帰納的推論とは違うものであり、それはむしろ、パースが唱えている「アブダクション」（abduction）の考え方に近いものではないかと考えられます。

さて、一般に数学はもっぱら証明だけから成り立っている厳密な論証的科学とみなされていて、そして数学を教え学ぶにも、われわれは通常、数学をそれ以上発見・創造の余地のない完成した知識として教え学んでいます。しかしポリアによると、それは数学の一面にすぎません。数学には完成した形で厳密に表現される体系的な演繹的論証科学としての側面のほかに、創られつつある過程にある新しい数学の創造的発見的研究の側面があり、そしてその側面においては数学は帰納的科学である、とポリアは考えています。かれはいいます、「問題を解く方法を研究することによってわれわれは数学のもう一つの別の側面を知ることができる。すなわち数学は二つの側面をもっていて、その一つはユゥクリッド以来の厳密な科学であるが、それはまた同時に、たしかにそれとは違う何か別のものである。ユゥクリッドのしかたで表現される数学は、系統的な演繹的科学である。しかしながらでき上がりつつある数学は実験的な帰納的科学である」(4)。

数学は演繹的科学であると同時に、帰納的科学でもあるというのは、一見矛盾しているように思えます。しかしいま述べましたように、ポリアは完成した数学と、でき上がりつつある新しい数学の研究を区別し、後者に関していえば数学は帰納的科学であるといっているのです。そして数学を帰納的科学と考えることによって、新しい数学の創造的発見的研究という側面に、数学を教え学ぶ教師や学生たちの関心を向けようと考えているのです。ポリアはいいます、「数学を一生の仕事にしよう、とそのように考える数学の真面目な学生は、論証的推論を学ばなくてはなりません。それは彼の職業でありかつ彼の科学の顕著な特徴だからです。けれどもほんとうに成功するためには、彼はまた蓋然的推論を学ばねばなりません。それは彼の創造的仕事の土台になる推理の仕方だからです(5)」。「でき上がりつつある数学は実験的な帰納的科学である」というのは、すなわち数学における創造的発見の仕事は、あらゆる他の科学の場合と同様に、蓋然的な帰納的推論によって行われる、ということです。数学を創造的に教え学ぶためには、つまり観察、洞察、着想、類推、予測などの蓋然的推論が不可欠です。そして数学におけるこのような蓋然的推論は数学の厳密な演繹的論証的側面と矛盾するものではありません。新しい数学の創造的研究は蓋然的推論によって行われますが、しかしその創造的研究の結果は新しい体系的な論証的推論であり証明です。「数学者の創造的仕事の結果は、論証的推論であり、証明である。しかしその証明は、蓋然的推論によって、推測によって発見されるのです[6]」。

ポリアの好著『いかにして問題をとくか』は数学を教え学ぶ教師と学生のために書かれたもので、それはつまり数学の教授法、学習法に関する手引きですが、しかしあまたある数学教育書のなかでこの書がとくに目立っているのは、何よりも「発見法的」見地からいかに数学を教え学ぶかを説いているところにあります。この書でポリアは数学を「実験的な帰納的科学」として教え学ぶためにはどのように教え学んだらよいか、数学の研究において実際どのように蓋然的な帰納的推論を用いたらよいか、つまり数学を創造的発見的な科学として教え学び、かつ研究するには「いかにして問題をとくか」を、きわめて明快に教示しています。

しかしいまはポリアの発見的数学教授法・学習法には立ち入りません。ここでわれわれがとくにとりあげて論じたいのは、ポリアが説いている数学の創造的研究（およびあらゆる科学の創造的研究）における「発見的推論」の様式または方法とはどのようなものか、ということです。

2　発見的三段論法の考え方

さてポリアはかれの「発見的推論」——かれはそれを「発見的三段論法」と呼びます[7]——の構造を、つぎのような例で示しています。

（a）われわれは陸地に近づくと鳥を見かける、
いまわれわれは鳥を見た、

だから、たぶん陸地が近いだろうと考えることは確からしいことである。

この推論の構造を一般的な形式で書くと、

もしAが正しければ、Bもまた正しい、
いまBが正しいことがわかった、

だから、Aが正しいことは確からしい。

となります。もっと簡単に書くと、つぎのようになります。

（a'）Aならば Bである、
Bである、

だから、Aは確からしい。

このポリアの「発見的三段論法」は三段論法ではなく、いわば三段論法もどき（疑似三段論法）の形式で「発見的推論」の様式をいい表わしているものです。

では、この発見的三段論法（a）はどういうことを意味しているのでしょうか。ポリアはおそらくつぎのように考えているのでしょう。たとえばコロンブスとかれの部下たちは航海中、いつも新大陸を発見する手掛かりになるものを求めていたと考えられますが、そんなある日、鳥が飛んでいるのを見かけたとします。そこでかれらはこれまでの経験から「われわれは陸地に近づくと鳥を見かける」というふうに考えて、「いまわれわれは鳥を見た」、「だから、たぶん陸地が近いだろう」と推論するでしょう。そういう場合の推論の過程を示したのがこのポリアの発見的三段論法（a）であると思います。つまり鳥が飛んでいることを手掛かりにして、「われわれは陸地に近づくと鳥を見かける」ということを思いつき、だから「たぶん陸地が近いだろう」と推論しているのです。

この発見的三段論法（a）をパースのアブダクションの推論の形式と比較してみましょう。パースはアブダクションをつぎのように定式化しています。

（b）驚くべき事実Bが観察される、
しかしもしAが真であれば、Bは当然の事柄であろう、

よって、Aが真であると考えるべき理由がある。

もっと簡単に書くと、つぎのようになります。

（b'）Bである、
AならばBである、

よって、Aは真らしい。

（a'）と（b'）をみるとわかりますように、パースのアブダクションの定式化（b）とポリアの発見的三段論法（a）は前提の書き表わし方は違うけれども、しかしその論理的構造はまったく同じです。ポリアの発見的三段論法（a）をパースのアブダクションの形式（b）にしたがって前提の部分を書きかえますと、つぎのようになります。

（c）いまわれわれは鳥を見た、
しかしもし陸地が近いとしたら、鳥を見かけるのは当然の事柄であろう、

よって、陸地が近いと考えるべき理由がある。

このように書きかえてみると、それは、航海中に思わぬところで鳥を見かけて、この意外な事実を説明するために、たぶん陸地が近いのではないか、と推測しているものになります。なぜ大海原に鳥が飛んでいるのか、この意外な事実に説明を与えているのが、この推論（c）です（コロンブスとかれの部下たちはおそらくこのような推論にもとづいて、鳥が飛んでいる海域一帯を探索し、新大陸の発見に努めたことでしょう）。しかしその場合、陸地が近いということだけがこの意外な事実（大海原で鳥を見たという事実）を説明しうる唯一の仮説ではありません。ほかにもこの事実を説明しうる仮説はいろいろ考えられます。たとえば近くを魚の群れが移動していて、鳥はそれ

を追っているのではないかと考えることもできますし、あるいは渡り鳥の群れからはぐれた鳥が、近くを通っている船をみて近づいてきたのであろうという仮説を立てることもできるでしょう。

ポリアの発見的三段論法（a）をパースのアブダクションの定式化（b）にしたがって、（c）のように書きかえますと、（a）と（c）は鳥が飛んでいるのを見かけて、その原因または理由を説明するために、「たぶん、陸地が近いだろう」ということをもっとも理にかなった仮説として採択している、ということを示しているものと考えることができます。つまりポリアの発見的三段論法（a）は仮説を発案し、その仮説を暫定的に採択している推論と考えることができます。とすると、（a）は普通の帰納的一般化の推論とは違うものであり、それはパースのアブダクションとまったく同じく仮説形成の推論である、と考えるのが至当ではないでしょうか。

しかしポリアがかれの発見的推論の形式を（c）のような表わし方ではなく、（a）のように、「われわれは陸地に近づくと鳥を見かける」という帰納的な一般命題を第一前提に据えて定式化しているところからすると、ポリアはあくまでも（a）を帰納的推論として示そうとしているのではないかとも考えられます。つまりわれわれは一つの帰納的論証において確立された結論をもう一つの帰納的推論の前提に使うことができますが、そのように考えれば、（a）はすでに確立された帰納的な一般命題「われわれは陸地に近づくと鳥を見かける」を使って、それを第一前提にして形成された帰納的推論とみなしうるようにも思えます。では、この点について考えてみましょう。

ポリアの発見的三段論法（a）の第一前提に「たいてい」という表現を入れて、「われわれは陸地に近づくと、たいてい鳥を見かける」とし、そして（a）の第二前提と結論を入れかえて、つぎのような疑似三段論法をつくってみましょう。

（d）われわれは陸地に近づくと、たいてい鳥を見かける、
　　いまわれわれは陸地に近づいている、
　　――――――――――
　　だから、われわれはたぶん鳥を見かけるであろう。

この（d）の第一前提における「たいてい」という表現のところに正確な数値（たとえば「90パーセントの確率で」というような数値）を入れますと、（d）はW・C・サモンが「統計的三段論法」と呼んでいる帰納的推論の一種になります[8]。しかし「たいてい」という表現も不正確ではありますが、統計的表現とみなすことができるのであり、つまり（d）も統計的三段論法とみなすことができます。その場合、「たいてい」という表現は前提が結論に与える支持の度合いをいい表わしており、「たいてい」のかわりに正確な数値を入れると、その支持の度合いを正確に示すことができます。たとえば「われわれは陸地に近づくと、90パーセントの確率で鳥を見かける」、そして「いまわれわれは陸地に近づいている」としますと、その前提はその結論「だから、われわれ

われは鳥を見かけるであろう」に対して90パーセントの支持を与えている、ということができます（サモンは（d）の第一前提が統計的な立言になっているので、（d）を帰納的推論と考えていますが、しかしパースはこの形式の推論を演繹と考えていて、それを統計的演繹〈statistical deduction〉と呼んでいます）。

（d）の第一前提における「たいてい」にかえて、たとえば「90パーセントの確率で」と「30パーセントの確率で」という数値をそれぞれ入れて、つぎの（e）と（f）のような疑似三段論法をつくってみましょう。

（e）われわれは陸地に近づくと、90パーセントの確率で鳥を見かける、
いまわれわれは陸地に近づいている、

だから、われわれは90パーセントの確率で鳥を見かける。

（f）われわれは陸地に近づくと、30パーセントの確率で鳥を見かける、
いまわれわれは陸地に近づいている、

だから、われわれは30パーセントの確率で鳥を見かける。

この（e）における「90パーセントの確率で」と（f）における「30パーセントの確率で」という統計的表現は、重要な論証力の違いを示しています。（e）においては、その第一前提の「90パーセントの確率で」を受けて、その結論は「だから、われわれは90パーセントの確率で鳥を見かける」となり、そして（f）の場合は、その第一前提の「30パーセントの確率で」を受けて、その結論は「だから、われわれは30パーセントの確率で鳥を見かける」となっています。いいかえると、（e）と（f）における「90パーセントの確率で」と「30パーセントの確率で」は、それぞれの結論に与える支持の度合いを明確に示しています。つまり（e）ではその前提はその結論に90パーセントの支持を与えているのに対し、（f）ではその前提はその結論に30パーセントの支持しかあたえない、ということです。

統計的三段論法（d'）の形式はつぎのようになります。

（d'）AならばBである、
Aである、

だから、Bである。

この（d'）とポリアの発見的三段論法の形式（a'）の違いに注意していただきたいと思います。「AならばBである」のAを先件といい、Bを後件といいますが、この（d'）は「AならばBである」の先件Aを肯定することによって後件Bを肯定しているもので、（d'）は論理的に妥当な推論の形式、いわゆる「肯定式」（Modus Ponens）の形をしています。しかしこれに対し、（a'）は「AならばBである」の後件Bを肯定することによって先件Aを肯定しているもので、（a'）は論理的に妥当でない、いわゆる「後件肯定の誤謬」（the fallacy of affirming the consequent）の形をしています。

たとえばつぎの（g）をみてみましょう。

（g）　xが英雄であるならば、xは色を好む（英雄色を好む）、
　　　xは色を好む、

だから、　xは英雄である。

これも「後件肯定の誤謬」をおかしている推論の例ですが、「英雄である者は誰でも色を好む」（英雄色を好む）ということから、「だから、色を好む者は誰でも英雄である」とはいえません。

同様に、「われわれは陸地に近づくと、鳥を見かける」ということから、「だから、われわれは鳥

を見かけると、陸地に近づいている」とはいえないのです。

このようにポリアの発見的三段論法（a）は論理的に妥当でない「後件肯定の誤謬」の形式であり、統計的三段論法（d）は論理的に妥当な「肯定式」の形式をしていて、この二つの推論はまったく違う形式の推論です。そしてこの違いは、（d）と（a）の推論には前提と結論の関係に重要な違いがあるということを示しています。つまりポリアの発見的三段論法（a）の場合は、その前提と結論の間に、たとえば（d）の場合に前提の確率がその結論に違う度合いの支持を与えているような、そういう関係はない、ということです。

3　発見的三段論法とアブダクション

まわりくどい論議を経てきましたが、いいたかったことは、つまりポリアの発見的三段論法（a）は帰納的推論ではなく、パースのアブダクションの形式と同じものと考えなくてはならない、ということです。われわれが（a）の第二前提と結論を入れかえて形成した疑似三段論法（d）は統計的な帰納的推論（統計的三段論法）ですが、しかし（a）の第一前提は結論を帰納的に裏づけている前提ではなく、それはむしろ仮説を提案している立言であると考えられます。まえにも述べましたように、つまり（a）は大海原を航海中、鳥が飛んでいるのを見て、この意外な事実を説明しうるいろいろな仮説のなかから、陸地が近いということをもっとも確からしい仮説として採択している、そういう形式の推論と考えるのが至当でしょう。

パースはアブダクションのことをしばしば「リトロダクション」(retroduction) とも呼んでいますが、たびたび述べていますように、リトロダクションとは「遡及推論」、すなわち「結果から原因へと遡及する推論」を意味しています。もういちど、パースのアブダクションの定式化(b) をみてみましょう。「驚くべき事実Bが観察される」というのが結果です。そこでその結果(驚くべき事実B) がなぜ起こったか、つまりその原因と考えられるものについて、いろいろ遡及的な推論が行われます。そして問題の事実Bの原因を、もっとも納得のいく仕方で合理的に説明しうると考えられる説明仮説Aに思いいたって、「Aが真であると考えるべき理由がある」として、仮説Aを暫定的に採択します。このように、ある結果からその原因へと遡及推論を行い、その原因についてもっとも理にかなった説明仮説を提案するのが、アブダクション(リトロダクション) です。まえにポリアの発見的三段論法 (a) を、パースのアブダクションの定式化にしがって、(c) のように書きかえてみました。そのように書きかえてみると、(c) は、「いまわれわれは鳥を見かけた」という結果から、その原因または理由は何か (なぜ大海原に鳥が飛んでいるのか) というふうに遡及推論を行い、そしてその原因または理由に関するもっとも合理的な説明として、「たぶん陸地が近いだろうと考えることは確からしい」というふうに考えて、その考え(仮説) を暫定的に採択している、というような形式の推論であるように思います。

ついでにいいくわえておきますと、ポリアは著書『いかにして問題をとくか』のなかで「逆行的推理」という言葉を一度だけ使っていますが、しかしかれはこう述べています。「逆行的推理」という言葉は人によっては〈分析〉の意味につかわれることがある……、それも一理あるがここではそういう使い方はしないことにする[9]」。ポリアがこの「逆行的推理」という言葉の意味を、のちにかれが述べている「発見的三段論法」に結びつけて考えていたら、かれは帰納とは違うまったく新しい推論の概念、たとえばパースのいう「遡及推論」のような考え方にいたっていたのではないかと考えられます。

以上でみてきましたように、ポリアの発見的推論（発見的三段論法）は普通の帰納的推論とは違う種類の蓋然的推論であると考えなくてはならないように思います。ポリアはつぎのように述べています、「〈発見的推論〉とか、〈帰納的推論〉あるいは（すでに存在する言葉の意味を拡張することを好まなければ）〈そうらしいという考え方〉と呼ぶことができる。ここでは最後の呼び方を採用する[10]」。ここでポリアが「そうらしいという考え方」という呼び方をしているのはなはだ曖昧で、それは発見的推論が普通の帰納よりも弱い蓋然的推論であるということを意味しているようにもとれますが、しかしその蓋然的推論が帰納的推論なのか、それとも帰納とは違う別の種類の蓋然的推論なのかは明確ではありません。ポリアが「帰納的推論」というすでに存在する言葉の意味を拡張することを好まなければ、それを「そうらしいという考え方」と呼ぶこともできるとして、かれ自身この呼び方を採用しているところからしますと、この呼び方の曖昧さはともかくとして、ポリアはかれの発見的推論を普通の帰納的推論とは違う別の種類の蓋然的推論と考えているようにも思えます。

たとえばパースが「拡張的推論」のなかに帰納とアブダクションを区別したように、ポリアが「蓋然的推論」のなかに帰納的推論と「そうらしいという考え方」を区別し、「そうらしいという考え方」を帰納的推論とは違う種類の「発見的推論」と考えているとしたら、それは伝統的な帰納主義の考え方とは違う新たな科学方法論的思想として注目に値します。しかしポリアが「そうらしいという考え方」も帰納的推論に含めて考えているとしたら、かれは折角、普通の帰納とは異なる「発見的推論」という新たな思考の方法に気づいていながら、しかしその重要な方法的特性を見落としている、といわなくてはならないでしょう。

（1）C. G. Hempel, *Philosophy of Natural Science*, Prentice-Hall Inc., Englewood Cliffs, New Jersey, 1966, p.16.

（2）*Ibid*., p.17.

（3）G・ポリア著、柿内賢信訳『いかにして問題をとくか』（丸善株式会社、一九五四年）、訳者のことば、一頁。

（4）同上、「はしがき」Ⅶ〜Ⅷ頁。

（5）G・ポリア著、柴垣和三雄訳『帰納と類比』（*Induction and Analogy in Mathematics*）（丸善株式会社、一九五九年）、序文、五頁。

（6）同上、四頁。
（7）ポリア著（柿内賢信訳）、前掲書、一九〇頁。
（8）W・C・サモン著、山下正男訳『論理学』（培風館、一九六七年）、一〇八頁。
（9）ポリア著（柿内賢信訳）、前掲書、四二頁。
（10）同上、一九二頁。

付章

反デカルト主義的論考——言語の問題をめぐって

1

N・チョムスキーが彼の著書『デカルト派言語学』において、「デカルトは彼の著作において、言語についてわずかしか言及していないが、言語の性質に関する若干の考察は、彼の全般的な見解の形成に重要な役割を果している(1)」として引用している「言語の性質に関する若干の考察」というのは、『方法序説』(第五部)における言語考察である。実際、言語について積極的に肯定的な論及を行っているところは、少なくともデカルトの代表的著作ではこの『方法序説』(第五部)を除いてはないであろう。ここでデカルトは、人間を機械および動物から本質的に区別するのは、人間の言語の使用であるということについて、つぎのように論じている(2)。

すなわち、機械や動物は、「われわれが他人に自分の考えを述べるときのように、ことばを用いたり、またはほかの記号を組み立てて用いたりすることは、けっしてなしえない」のであり、「自分の前でいわれるすべてのことの意味に応じたこたえをするために、ことばをさまざまに排列するとは考えられないのである」。しかし、「人間ならばいかに鈍い愚かな者でも、またおそらくは気の狂った者でも、さまざまなことばを集めて排列し、一つの談話をつくりあげて、自分の考えを他の人に伝えることができる……」。この違いは、機械や動物に言葉を発する器官が欠けているために起こることではない。実際、一つの機械に、言葉を発しうるような器官を配置することは可能であり、また動物も、たとえば（デカルトによれば）カササギやオウムなどは、われわれと同様、言葉を発しうる器官をもっている。しかし機械や動物は、「われわれのように話すことはできない。すなわち、自分が口にすることは自分が考えていることであるということを明らかに示しながら話す、ということはできない」。これに対して、人間は、生まれつき耳が聞えず、たとえ動物よりも話すために用いる器官を著しく欠いている者でも、みずからある種の記号をつくって、自分の考えを伝えることができる。そしてこのような人間と機械や動物との明白な違いは、機械や動物は、「認識によって行動しているのではない」ということ、つまり、「理性をまったくもたない、ということを示しているのである」。

『方法序説』（第五部）は言葉についておおむねこのように述べているが、この言語考察に関して言えば、確かに、デカルトは言語の使用を人間固有の能力として重視し、言語と理性の一致を強調しているように思える。そしてこの部分を読む限りでは、われわれもチョムスキーとともに、デカルトはこの言語考察によって、言語の解明は人間精神の理解への鍵であると考えるにいたった、と言いたくもなる。しかし、果たしてそうであろうか。デカルトが言語そのものを重視し、一貫して人間精神の本質を言語に求めていたのであれば、彼が他のあらゆる主著において、言語について積極的にはほとんど語らないというのは、理解しがたいことである。というよりも、むしろ逆に、われわれはデカルトの著作の随所に言語に対する根強い不信の言葉を見受けるのである。いったい、『方法序説』（第五部）の言語観はデカルト主義本来の思想に本質的に属するものであろうか。この言語観は、チョムスキーが強調するように、「彼〔デカルト〕の全般的な見解の形成に重要な役割を果している」（〔　〕内は引用者による）と言えるものであろうか。もっとはっきり言って、そもそも言語そのものがデカルト主義において成り立ちうるものであろうか。われわれはこれから、デカルト主義と言語の問題を考察しつつ、その観点からデカルト主義の意味を考えてみたいと思う。

まずは、（チョムスキーが引用していない）言語に対するデカルトの不信の言葉を引いておこう。『省察』（第二省察）で、デカルトは彼の有名な蜜蠟の例によって、蜜蠟の「広がり」そのものの認識は、感覚や想像力によるものではなく、純粋な精神のみによる認識であることを示したあとで、こう言っている。「しかしながら私は、いかに私の精神が誤りやすいものであるかに、驚くほかはないのである。というのは、私は右の事がらを心のなかで、だまったまま、口にださずに考察するにもかかわらず、やはりことばそのものにとらわれて、たいていの場合は、日常の話し方に欺かれてしまうからである」[3]。デカルトはまた、『哲学の原理』でも、人間の誤謬の四つの主要な原因の一つに、言語を挙げている。すなわち、「第四の原因は、われわれの概念を、事物に正確に対応しないところの、ことばと結びつけることである……」。「われわれは談話をするために、われわれのあらゆる概念を、それを表現することばと結びつけ、それぞれの概念を必ずことばとともに記憶に託するものである。そして、あとになると、事物を思いだすよりも、言語を思いだすほうが容易であるから、われわれはいかなる事物についても、ことばの内容からまったく切り離せるほどに判明な概念をもつことがとうていできず、ほとんどすべての人々の思惟は、事物そのものよりもむしろことばをめぐって動いているのである」[4]。

さらに『真理の探究』では、言語の知識を、歴史や地理と同じく、何ら理性なしに得られる「単なる知識」、「ただ経験のみに依存する知識」にすぎないとして、蔑視さえしている。「しかし、私が提示しようとしている学説がどういう性質のものか、もっとはっきりわかってもらうために、もろもろの学問と、なんら理性による推理なしに獲得される単なる知識、たとえば言語とか歴史とか地理とか、一般に、ただ経験のみに依存する知識のすべて、との間に存する差異に、注意してくださるよう……」[5]。「学問」すなわち理性の真理は、歴史や地理を否定し超越するように、言語を否定し超越するものである。人間の理性は、どこの国の言葉で考えられ語られようと、われわれの言語の知識に関係なく、同一普遍のものである。理性をそなえた人間にとって、歴史や地理を知る必要がないのと同様、言語を知る必要もない。「分別をそなえた人間にとっては、スイスや低ブルターニュ地方の方言を知る必要がないと同じく、ギリシア語やラテン語を知ることは必要なく、また、ヨーロッパにある最小の国の歴史を知る必要がないと同様、帝国の歴史を知ることも必要ではない(6)」のである。

いま引用したところから明らかのように、デカルトは真に、言葉にとらわれず、言葉なしに、純粋な精神だけで思考し認識したいと考えているのである。われわれは談話をするために、あらゆる概念を言葉と結びつけなくてはならないが、しかしそのために、われわれは言葉の内容に妨げられて、明晰な概念をもつことができず、事物そのものの認識にいたることができない。事物の真の認識にいたるためには、われわれは言葉を排して、純粋な概念だけで考えなければならない。人間の理性は普遍的で、言語を超越するものではあるが、しかしわれわれの精神は誤りやすいものであり、言葉なしで考えようと努めても、「やはりことばそのものにとらわれて、たいていの場合は、日常の話し方に欺かれてしまう」のである。

このようにデカルトは、精神を言葉から完全に切り離して、純粋な精神に属する明晰な概念のみによって考えたいのである。そしてそういういわば理念的精神が、ほかならぬデカルトの「考える私」としての精神——以下、われわれがデカルト的「精神」と呼ぶもの——なのである。では、デカルト的「精神」とはどんな精神であろうか。

2

デカルト的「精神」とはどんなものかを正確に理解するには、それがいかなる意図のもとに、どのようにして定立されたかを知らなくてはならない。そのためには、われわれはデカルトの普遍的懐疑または方法的懐疑からはじめなくてはならないが、しかしいまは、この懐疑の意図するところについて、つぎの点を理解しておけばよい。すなわち、デカルトの懐疑は実生活の懐疑ではなく、それは哲学を全面的に改革し、新しい厳密哲学を確立するための、意図的自覚的な懐疑であり、いわゆる「誇張懐疑」または「仮説的懐疑」である。この懐疑はつまり、実際に何か疑わしいことがあって疑うというものではなく、それはむしろ、われわれが日常きわめて確かなこととして疑おうとしないもの——たとえば感覚や数学的知識など——を、あえて「誇張的に」(仮説的に)疑うことによって、懐疑を徹底的に遂行しようとするものである。そしていっさいのものを徹底的に疑ってみた結果、それでもなお疑いえないものが残るとすれば、これこそどうしても疑いえないものであるという意味において、絶対に確実な究極的真理であり、それを基盤に据えれば「堅固でゆるぎのない」厳密哲学を基礎づけることができる、というのである。

こうしてデカルトは、世界と知識のすべてを疑いにかけ、わずかでも疑いをかけうるものはすべて偽なるものとして斥け、そうしたうえで、しかしこのようにいっさいを疑い、すべては偽であると考えているこの「私」は、必然的に何ものかでなくてはならないとして、彼の第一原理「私は考える、ゆえに私はある」(Cogito, ergo sum.)を定立する。「そうするとただちに、私は気づいた、私がこのように、すべては偽である、と考えている間も、そう考えている私は、必然的に何ものかでなければならぬ、と。そして「私は考える、ゆえに私はある」というこの真理は、懐疑論者のどのような法外な想定によってもゆり動かしえぬほど、堅固な確実なものであることを、私は認めたから、私はこの真理を、私の求めていた哲学の第一原理として、もはや安心して受け入れることができる、と判断した(7)」。

この第一原理が示しているのは、すなわち「考える私」(疑っている私)の存在は絶対に確実であるということである。「考える私」という場合、「考えるもの」(思惟するもの)は精神であるから、したがって「考える私」は精神としての私であり、身体とは明確に区別されなくてはならない。身体は物体であり、身体も含めてあらゆる物体の存在は疑うことができるが、しかし「疑う私」「考える私」すなわち「精神」が存在することは決して疑いえない。こうして「私は考える、ゆえに私はある」ということから、物体・身体とは全く独立の精神の存在が定立される。それが、すなわちデカルト的「精神」なのである。

デカルト的「精神」の本性は、その存在が絶対に確実であるということと、その存在がきわめて明晰判明に認識されるということにある。すなわち、「私は考える、ゆえに私はある」ということが絶対に確実な真理として認められるのは、この命題には「私が肯定する事がらについての、明晰で判明な認知以外の何ものもない」[8]ということである。つまり、この命題はきわめて明晰判明に認識されるということ、まさにそのことが、この命題の真理を確信する条件なのである。そこでデカルトは、この命題と同様に明晰判明に認識されるものはすべて真であると考えなければならないとして、明晰判明性を真理の条件または基準とすることを、一般的規則として確立する。これが、デカルトのいわゆる明証性の一般的規則である。

しかしいまは、さらにデカルト的「精神」について考えてみよう。デカルトの懐疑は、いっさいのものを「誇張的に」(仮説的に)、徹底的に疑うことによって、しかし疑えば疑うほど、「疑う私」「考える私」の存在のほうはかえって確実で明証的になるというふうに、思惟する精神の存在の明証に到ろうとするものである。つまりこの懐疑が求めるのは、ただ「疑う私」「考える私」の存在の明証のみである。したがってこの懐疑によって定立される「考える私」としての精神——すなわちデカルト的「精神」——は、われわれの通常の心または精神とは全く異なる、それ自体がいわば「誇張的」(仮説的)精神なのである。それはすなわち、ただ自己の存在の明証によって、もっぱらそのために存在するものである。「考える私」は「私は思惟しつつある」(私は疑っている)ということを自覚する、そして自覚的に思惟しつつある間だけ確実に自己の存在を知覚する、それだけの存在なのである。

そして確実に明証的に存在しうるためには、「考える私」・デカルト的「精神」は常に否定的懐疑を介して存在するほかはない。つまり、世界と知識のすべてを否定的懐疑の括弧に入れ、みずから世界とのいっさいの関わりを断ち切り、いわば自己を完全に世界の外において、存在しなくてはならないのである。自己の明証的存在を維持し、純粋に思惟する「実体」として存在するためには、自己を身体・物体から引き離し、他我との交渉もすべて排して、いつも「世界の外に立って」存在しなくてはならない[(9)]、それがデカルト的「精神」の本性であり宿命なのである。

しかしでは、『方法序説』（第五部）における「ことばを話す人間」はどうであろうか。人間は「自分の考えを他の人に伝える」ために、「談話をするために」、言語を使用するのである。つまりこの場合の人間は、世界内にあって、積極的に世界と関わり、他の人びととの社会的な交わりの中で、互いに交信し交話して生きている、「世界―内―存在」としての人間なのである。「ことばを話す人間」はこうした世界内の不断の交渉の中で、諸事物や、社会的諸習慣や諸制度や、世界内のさまざまの状況や条件の規定を受けながら存在しなくてはならないのである。だがしかし、デカルト的「精神」はこれとは全く違う。それはもっぱら誇張的否定的懐疑を介して、ただ自己の存在の明証のために存在するものであり、みずから世界と完全に絶縁し、したがってもちろん、他の人びとや他の精神との社会的交渉（コミュニケイション）もいっさい断ち切って、もっぱらそれ自体において、超越的に存在するものなのである。すなわちデカルト的「精神」は、世界と交わるあらゆる媒介作用――とりわけ、言語や記号――を否定し排除することによってのみ、純粋な思惟実体として存在しうるのである。そしてそれが、厳密なデカルト的意味における、唯一の「精神」なのである（確かにチョムスキーが言うように、デカルト的「精神」は刺激の統制から自由である。しかしいま述べたところから明らかのように、デカルト的「精神」が刺激の統制から自由であるというのは、「世界―内―存在」としての、言葉を話す現実の人間精神の自由とは全く違う意味のものなのである）。

「考える私」についてデカルトは言う、「しかし、それでは私とはなんであるのか。考えるものである。では、考えるものとはなんであるか。すなわち、疑い、理解し、肯定し、否定し、意志し、意志しない、なおまた、想像し、感覚するものである[10]」。そしてデカルトが、「これだけのものがそっくり私に属するならば、まことにたいしたものである」と言っているところからすると、これが最も広い意味の「考える私」（思惟するもの）のすべてなのであろう。しかしそこには言語の働きは含まれていない。デカルトは言語を人間精神の自明の事実と考えて、あえてここに言語を挙げていない、というものではない。純粋に明証的に思惟するためには、「考える私」は言語を容れてはならないのであり、ここに挙げた思惟・意志作用のほかはしてはならないのである。

ちなみに、いま引用した「考える私」の定義における「感覚するもの」とは、実際の身体的感覚のことではなく、それは「考える」（思惟する）働きの一つである。感覚は誤るが、しかし感覚していると「思っていること」は確かであり、「感覚するもの」とはその思惟の働きを意味しているのである。「考える私」（デカルト的「精神」）そのものはいっさいの身体的感覚的作用を脱した、純粋な思惟実体なのである。

3

デカルトの二元論は、精神と物体を実在的に完全に区別し、二つは相互に独立の、全く異なる実体であることを、説くものである。すなわち、精神はもっぱら「考える」「思惟する」ことのみをその本性として存在するものであり、一方、物体は「拡がり」「延長」のみをその本質として存在するものである。両者の間には共通するもの・接点は何もなく、両者は互いに作用し合うことの全くない、それぞれ完全に独立した実体である。

しかしつぎの不整合はよく指摘される。この二元論では、もちろん人間の身体も精神から完全に切り離されて、物体の世界に属するものと考えられ、物体の延長原理によって、純粋に機械論的に説明されなくてはならない。しかしデカルトはまた、人間における精神と身体の一体的合一を認め、主張してもいるのである。「次のことを知らねばならぬ。すなわち、精神が真に身体全体に結合しておること」「次のことをもまた知る必要がある。すなわち、精神は身体全体に結合してはいるものの、それでもやはり身体のうちにはある部分があって、そこでは精神が他のすべての身体部分におけるよりもいっそう直接的にその機能をはたらかせていることである」[(11)]（精神と身体は全体的に結合しているが、より直接的には脳の松果腺——それを精神の座と呼ぶ——においてつながっている、というのである）。この不整合は、単に形而上学と日常的生という違う次元のこととして片づけられるものではない。これは、人間の世界に関する根本的な認識の違いであり、デカルトの二元論の崩壊を意味するものである、と言わなくてはならない。

さて、言語は精神と物体の一体的結合のうえに成り立つものである。言葉は実際に口に出して話し耳で聞くものであり、文字で書き表わし目で読むものである。目の不自由な人びとは触覚記号である点字を用い、生まれつき耳の不自由な人びとは手話に頼らなくてはならない。すなわち、言葉は身体的感覚的器官と結びつかずには成り立ちえないのであり、われわれは何らかの物質的な記号物によってのみ、自分の考えを表現し(客観化し)、他の人びとに伝えることができるのである。言語はつまり物質的な記号物と精神的な観念や意味の結合から成るものであり、谷川多佳子が言うように、「このように物質性をもつと同時に、精神に結びついた唯一のものとして、言語はまさに精神と物質の接点となるのである[12]」。そしてこのことは、われわれが指摘するまでもなく、デカルト自身がすでによく承知していたことなのである。

『方法序説』(第五部)における人間は、「さまざまなことばを集めて排列し」「またはほかの記号を組み立てて」「自分が口にすることは自分が考えていることであるということを明らかに示しながら話す」のであり、生まれつき耳の不自由な人びとであっても、「ある種の記号をみずからつくりだすのがつねであり、そういう記号によって、終始彼らと共にいて彼らのことばを覚える時間をもつ人々に、自分の考えを通じるのである[13]」。デカルトはまた、『世界論』(第一章)においても、言語の恣意性についてこう述べている。「ことばというものはそれが表示する事物となんの類似性ももたないのに、やはりわれわれにこれらの事物を思い浮かべさせるのであり」「ことばというもの、つまり、人間のとりきめによる以外はなんの意味ももたないものが、それとなんの類似ももたない事物をわれわれに思い浮かべさせるにたる」(14)のである。ここで言う「ことば」とは、つまり、「ことばの音やつづり」のことである。すなわちデカルトにおいても、言葉は物質的な「ことばの音やつづり」と事物の観念や意味との、一定のとりきめによる結合から成るものである。

もちろん、「ことばの音やつづり」は単なる物ではなく、それは観念や意味を帯びたものである。記号はすべて表意的に作用し観念を表現してはじめて、記号として働くものであることは、言うまでもない。デカルトの言葉で言うと、つまり、「ことばの意味に注意を払わずその音だけを聞いている場合でも、この音の観念、つまり、われわれが考えるときにこの音について形づくる観念」(15)なしには、言葉記号は成り立ちえないのである。しかし記号は観念や意味を帯びたものであると言っても、記号それ自体はやはり「物」であり、全く物質性を脱した純粋な観念または意味ではない。われわれは純粋な観念や意味だけでは、その観念や意味を他の人びとに伝え、コミュニケイションを行うことはできない。われわれは感覚的にとらえられる何らかの物を使わずには、実際にわれわれの観念や意味を外に表現することはできないのであり、他の人びともわれわれの観念や意味を受けとることはできないのである。客観的な「表現」の媒体のないところでは、われわれは全く私的な沈黙の世界に生きるほかはない。感覚器官や記号物は言語の本質ではないとしても、しかし感覚的符号、すなわち共同的に客観的に使用可能な記号物なしには、コミュニケイションは不可能であり、言語は成り立ちえないのである。

デカルトの二元論が精神と物体の完全な分離独立を説くのは、精神をあらゆる物体的身体的作用から引き離し、精神をいっさいの物質的なものから純化して、純粋な精神の明証的な理性的認識を達成するためである。しかし日常言語には、この二元論の理念または要請とは全く相容れない、もう一つの重要な特性がある。それはすなわち、日常言語の意味や観念は本質的に曖昧で不確実なものである、ということである。言語の曖昧性や不確実性は一般には言葉の欠陥としてのみ考えられがちであるが、しかしそれは言葉に対する偏見であり、間違った見方である。確かに、言葉の使い方によっては、あるいは言葉が使われる文脈や状況によっては、言葉の曖昧さや不確実さが欠陥となり、大いに障害となる場合は多い。しかしわれわれの日常の言語使用についてちょっと考えてみればわかるように、日常言語の理解と使用には、まさに曖昧さ（多義性、一般性、比喩、日常的生活世界の際限のない文脈における意味の転調など）を認識しうる能力、日常的生におけるる複雑多様な、不確実な状況に応じた、いわば曖昧認識・曖昧思考を行いうる能力こそ、不可欠であり、本質的なものなのである。

W・P・オルストンの言うように、「言語について考える場合、これまでしばしば、意味論的特性としての不明瞭性はどんな場合でも好ましくないものであり、〈理想的〉言語は不明瞭な語を含んではならないという、正しい定式化も検討もされていない仮定が、まかりとおってきた(16)」。

日常言語（自然言語）に対して、「理想言語」という言葉がしばしば使われる。日常言語の不備欠陥を補い、曖昧な言葉を排除して、明晰で精密な人工的な普遍言語を構築すれば、それが「理想言語」である、というのである。そして形式論理学が、これまでしばしば、そういう「理想的」言語とみなされてきた。しかし言葉の不明瞭性はどんなものでも好ましくないものであると考えるのは、もちろんわれわれの日常的な言語使用の事実に反するが、まして人工言語——たとえば形式論理学の体系——を「理想言語」と呼ぶことによって、それに比べれば日常言語は不完全な、あるいはでき損ないの言語であるかのようにみなされるとしたら、それは言語の本質に関する最も由々しい誤解である。形式言語は、日常言語とは全く別の目的と機能をもつものであり、それはもちろん日常言語——その複雑多様な伝達の機能と豊かな表現力——に代わりうるものではない。P・ジフは言う、「形式言語は特色として、表現の（精密に限定されうる）集合やそれの運用、結合、解釈のためのさまざまな完全に精密な規則からなり立っている。従って、いかなる自然言語とも対照的に、形式論理、形式言語は一般に精密さと明晰さの否定しがたい力をもっているようにみえる。しかしこの力は代償を払って買われている。その代償とは、形式言語は、われわれが存在している世界において伝達のために用いる言語としては役に立たないということである」[17]。この形式言語批判には問題もあるが、しかし要は、言葉の曖昧さや不明瞭さを言葉の欠陥としてのみみなし、それを一掃し、日常の言語を、いわば純化すれば、「理想的」言語が得られると考えるのは、言語の本質を全く誤解するものである、ということである（この小論をとおしてわれわれが問題にしているのは、もちろん日常言語［自然言語］であり、デカルトが『方法序説』［第五部］で考察している言語も、チョムスキーの『デカルト派言語学』における言語も、日常言語以外のものではない）。

ところでデカルトの二元論的理性の体系は日常言語と相容れないだけでなく、それはまた、「理性と言語の一致を求める人工的な普遍言語の試みに対しても、否定的なもの(18)」とならざるをえない。なぜなら、人工言語の場合も、その観念や意味を表現するには、何らかの記号表現また は記号物によらなくてはならないからである。つまり人工言語も、物質的なものである記号表現と精神的なものである観念や意味の、一定のとりきめや習慣に基づく結合から成るものなのである（ちなみに、数学も一種の人工言語の体系であり、数学的知識の確実性・明証性は厳密な記号化によって成り立っている）。

4

さて最後に、デカルトの明証性の規則をとり上げよう。しかしこの規則については、直接言語との関連において考察するよりも、それが一般的な真理の基準として成り立ちうるかどうかについて考えてみたい。この規則がいかなるものであるかを知れば、デカルト主義の反言語的・超言語的思想はいっそう明白になるであろう。

デカルトは彼の方法的懐疑によって、最初に「考える私」の観念を見出す。そして彼によると、この観念は注意している精神・自覚的意識に直接現前し、きわめて明晰に認識される。それはまた、物体・身体からはっきり区別されて、明晰でないものは含まず、きわめて判明に知られる。それゆえに、「考える私」すなわち「精神」の存在は絶対に確実である。デカルトによると、つまり「考える私」の観念がきわめて明晰判明に認識されるということが、この観念の表明する「考える私」の存在の確実性を保証するのである。これを一般的に言いかえると、こういうことである。形而上学すなわち存在の探究において、われわれはものの観念（「考える私」の観念）からものの存在（「考える私」の存在）へ、つまり認識から存在へ進む。すなわち、「認識の反省を通じて存在を問うのである……」[19]。したがって形而上学においては、どんな観念（知識）が真の存在を表現するかを示す基準がなくてはならない。それが「明証性」（明晰判明性）であり、すなわち、われわれがきわめて明晰判明に認識する観念はすべて、そしてそれらの観念のみが、真の実在を表現することができる、ということである。「それゆえ、いまや私は、私がきわめて明晰に判明に認知するところのものはすべて真であるということを、一般的な規則として確立することができるように思われる」[20]。

しかしでは、われわれがきわめて明晰判明に認識する観念（知識）はすべて真であるという、その根拠は何か。この明証性の規則すなわち真理の基準は、何によって保証されるのか。デカルトは言う、「すべて明晰で判明な知識は、疑いもなく実在的なものであり、したがって無に由来するものではありえず、必然的に神を——かの最高に完全なものであって、欺瞞者であることとは相容れないところの神を——作者としてもっており、それゆえ、疑いもなく、真なのである……[21]」。デカルトによると、すなわち神によって賦与された生得観念または「本有観念」のみが、明晰判明に認識されるのであり、それゆえに、疑いもなく実在を表現するものである。

しかしこの明証性の規則は、以下に述べる理由から、一般的な真理の基準になりえないことは明らかであろう。

㈠たとえ生得観念または本有観念が存在するとしても、それらの観念は客観的事実の世界（物体的世界）には関わらない。つまり、それらの観念はいわゆる「事実の真理」を表現するものではない。客観的な「事実の真理」はわれわれに生得的に与えられてあるものではなく、「事実の真理」を認識するには、実際には感覚による「観察」や身体を使っての「実験」などの、いわゆる「経験的方法」が不可欠であるからである。デカルトにおいては、認識と存在の間を「誠実な神」が仲介することになっているが、しかしそもそも身体・感覚を完全に脱したデカルト的「精神」には、自己の意識の外の、客観的世界を認識することは原理的に不可能なのである。つまりデカルト的「精神」の形而上学的認識論的原理のうえには、科学的知識は成り立ちえないのである（ちなみに、科学的知識・事実の真理はその本性上、蓋然的な知識であり、疑う余地のないほど明晰判明な認識ではありえない）。

㈡「考える私」の知の明証は、「理性知」を代表すると言われる数学的知識の明証性・確実性も超えるものである。なぜなら、数学は推論の学問であり、推論は誤るおそれがあるが、しかし「考える私」の知は、純粋な、かつ注意している精神が推理なしに直知する、いわゆる直観の明証知であり、誤るおそれのない絶対確実な知識と考えられているものであるからである。「数学はしかし直観以外に推理の長い連鎖をふくむ学問であるから、その点でわれ〈考える私〉の存在の明証は全体としての数学的知識よりも不可疑である、ということになる[22]」。この直観の明証知と数学的知識の違いは、デカルトの「演繹」の概念をみればいっそう明らかであろう。

「明証知」にいたる確実な方法として、デカルトは「直観」(intuitus)のほかに、「演繹」(deductio)を挙げる。直観と演繹の違いは前者が直接の「現前の明証」であるのに対し、後者はある種の運動または継起であり、それによって遠く離れた結論を知る、というところにある。しかしデカルトの「演繹」はたとえば三段論法のような、一般の論理学で言う「推論」としての演繹ではない。つまり、デカルトの「演繹」におけるある種の運動または継起というのは、前提から結論を導く推論的思考の過程ではなく、それはいわば直観から直観への運動、または直観の結合・継起から成るものである。デカルトの「演繹」はすなわち、直観の明証を「次から次へと橋渡しする過程にすぎない」のであり、したがって「演繹そのものには真理価値がないことは明らかであろう[23]」。推論は時間を要する思考・判断の過程であり、思考や判断は誤るおそれがある。しかし直観は「精神が推理なしに直知し見る[24]」ことであるから、したがって原理的に、誤謬のおそれのない確実な認識である。そこでデカルトが「演繹」を推論の過程としてではなく、直観の結合・継起から成るものと考えるのは、すなわち直観の明証を「演繹」においても確保しつつ、誤謬のおそれなく遠く離れた結論にいたるためである。このようにデカルトは、絶対に確実な直観の明証知を達成するために、「演繹」においても推論的思考を排除するのである。こうしてデカルトの「直観」と「演繹」の認識原理においては、数学的知識を含めて、推論的に形成されるいっさいの知識は否定されなくてはならない。

㈢「私がきわめて明晰に判明に認知するところのものはすべて真である」と言うデカルトの言葉は、文字どおりに解されなくてはならない。ここで言う「私」とはまさに一人称の私であり、それはすなわち、デカルト自身が、あるいはわれわれ一人ひとりの「私的な」私が、明晰判明に認識するものはすべて真である、ということである。デカルトの明証性の規則は、つまり真理の究極的吟味は個人の意識の内部で行われる、と主張するものにほかならない。しかしわれわれの意識における「明晰判明な知覚」が、真の実在の認識であるのか、あるいはそれは、われわれにとってある事柄が明晰判明であるように思えるという、単なる主観的心理的な感じにすぎないものなのか、その吟味をわれわれの意識の内部で行うのは、循環論にすぎない。パースが言うように、「われわれは、自分ひとりの力で、われわれの求める究極的な真理に到達しうると考えてはならない。われわれは、ただ、哲学者たちの共同社会における一致をめざしてのみ、究極的真理を探求することができるのである[25]」。

われわれの私的な意識における「明晰判明な知覚」はそれ自体ではもちろん真理の証拠になりえない。言うまでもなく、われわれの諸観念は客観的に立証されることによって、つまり探究者たちの共同社会において論証され確認されることによって、真理となるのである。真理はすなわち探究者たちの共同社会における意見の一致・同意によって成り立つものである。そしてこのことは、デカルトにとっても自明のことなのである。もちろんデカルトも、「哲学者たちの共同社会」の承認を求めて真理を探究しているのであり、それゆえに彼は、言葉で彼の哲学的真理を主張しているのである。つまりデカルトにおいても、真理は言葉で語られうるものであり、また語られなくてはならないということが、前提されているのである。このように言葉が語られる共同社会を前提にしながら、しかしデカルトが理念的に要請する「真理」とは、原理的に、言葉を排しなくては成り立ちえないものである。デカルト主義の諸説――方法的懐疑、「考える私」の原理、二元論、明証性の規則、そして直観主義――はすべてが、感覚を脱し言葉を超越した、純粋な直観の明証的真理にいたるための、理念的「要請」なのである。

(1) Noam Chomsky, *Cartesian Linguistics*, Harper & Row Publishers, New York and London, 1966, p.3.

(2) 野田又夫編『デカルト』世界の名著22（中央公論社、一九六七年）、二〇六―二〇七頁（デカルトからの引用は『真理の探究』を除き、この邦訳を使った。以下、世界の名著22と略記する)。
(3)同書、二五二頁。
(4)同書、三六七頁。
(5)『デカルト著作集』第四巻(白水社、一九七三年)、三〇五頁。
(6)同上。
(7)世界の名著22、一八八頁。
(8)同書、二五五頁。
(9)山本信『哲学の基礎』(北樹出版、一九八八年)、五七—五八頁。
(10)世界の名著22、二四九頁。
(11)同書、四二八—四二九頁。
(12)谷川多佳子「言語とデカルト」『思想』一九八二年一一月号、四一頁。
(13)世界の名著22、二〇六—二〇七頁。
(14)同書、七七頁。
(15)同書、七八頁。
(16)William P.Alston, *Philosophy of Language*, Prentice-Hall Inc., Englewood Cliffs, N.J., 1964, p.86.
(17)シドニー・フック編、三宅鴻・大江三郎・池上嘉彦訳『言語と思想』(研究社、一九七四年)、一二二七頁。
(18)谷川多佳子、前掲論文、四四頁。
(19)野田又夫『デカルト研究』野田又夫著作集I(白水社、一九八一年)、九五頁。

(20) 世界の名著22、二五五—二五六頁。
(21) 同書、二八一頁。
(22) 野田又夫『デカルト』(岩波新書、一九六六年)、一〇一頁。
(23) 桂寿一『デカルト哲学とその発展』(東京大学出版会、一九六六年)、一九頁。
(24) ジュヌヴィエーヴ・ロディス゠レヴィス、小林道夫・川添信介訳『デカルトの著作と体系』(紀伊國屋書店、一九九〇年)、九八頁。
(25) Charles Hartshorne and Paul Weiss (eds.), *Collected Papers of Charles S. Peirce*, Harvard University Press, 1960, vol. V, p.157.

常識知について

はじめに

ある『哲学事典』によると、常識とは「特定の共同体で、ある時期に広く人々の間で承認されている意見、社会感情などの総体」を意味し、「学問的認識と異なり、自明のものとして、あえて根拠が問われることなく、そのまま人間行為の社会的規範と考えられる」ものである。常識という言葉はまた、「学問的知識ほど厳密ではないが、それと深い関係をもちながら、社会的に固定された日常的知識」をさし、「狭義には、それぞれの専門分野での研究に従事するものが、当然知っていなければならない基本的知識」を意味する。(1) しかしこの定義は、常識というものが通常どのように考えられているかについて、あるいは一般に常識という言葉がどういう意味に使われているかについて述べているにすぎない。常識が「学問的認識と異なり、自明のものとして、あえて根拠が問われることがない」ものだとすると、では、常識は知識とはみなされないものであろうか。あるいは常識が知識としてみなされるとしたら、それはどんな種類の知識であろうか。そして常識知にはどのような認識原理が働いているのであろうか。常識はたとえば科学的知識と厳密さにおいて異なるというだけではなく、常識と科学の間には世界を認識するそれぞれの仕方においてどんな違いがあり、どのような関係があるだろうか。常識とは何かという問いに哲学的にこたえるには、少なくともこうした問いにこたえなくてはならないであろう。この章では、デューイ（John Dewey, 一八五九〜一九五二）の「常識と科学」(2)論に学びつつ、特に常識と科学的知識の違いに関する考察を通して、常識知の認識原理について、さらには認識一般の原理について考えてみたいと思う。

1

「常識と科学」という問題は、今世紀初頭における相対性理論や量子論による知的革命を契機として、科学者たちをはじめ、哲学者や一般の知識人たちの間でも、しばしばとり上げられてきたが、しかしそれらの「常識と科学」論は、一般に、常識と科学を対比することによって、科学における知的革命の意義を強調することに主眼をおくものであった。したがってそれらの論議は大抵、科学の見地から一方的に常識を誹謗し、常識に対して否定的な立場に立つもので、常識と科学をそれぞれ違う知の様式として、違う種類の知識として、それぞれの領域における人知の原理を論ずるというものではない。たとえば、ノーベル賞物理学者のP・W・ブリッジマン（「操作主義」の提唱者としても著名）は、彼の「科学と常識」論において、相対性理論や量子論の世界におけるいわゆる「逆説的現象」――たとえば物体は運動状態におかれると収縮するとか、運動中の時計は遅れる（したがって運動している人は静止している人にくらべて年をとらない）とか、ミクロの世界における対象の位置と運動量の不確定性関係などの現象――は、全く常識に反するものであり、実在の世界は決して常識が考えるようなものではないことを強調して、つぎのように述べている。「量子論が関わっている類の諸現象も、相対性理論が教えていることと同じことを教えているが、それはすなわち、世界は常識の原理にしたがって構成されてはいないということである」[3]。このように相対性理論や量子論の逆説的諸現象が常識と相容れないもので、それらの現象は実在の世界が常識の原理にしたがって構成されてはいないことを教えているとしたら、では、このような科学の知的革命は常識の否定を要求するものであろうか。その通りだ、とブリッジマンは言う。そして彼によると、「常識の拒否」の要求は相対性理論の場合よりも、量子論においていっそう徹底的である。すなわち、「原子やエレクトロンのような非常に小さいものをとり扱っていると、通常の常識における〈もの〉の概念はもはや妥当でないこと」[4]がわかる。「量子論が要求する常識の拒否（the renunciation of common sense）は、相対性理論の場合よりもいっそう徹底的である。というのは、いまやわれわれは、極微の領域における事象について、それらを日常経験の対象を考える場合と同じ仕方で考えようとすると、〈論理的矛盾〉に陥るからである」[5]。

一方、哲学においても、たとえばB・ラッセル（今世紀最大の論理学者の一人で、科学的知識の論理分析において中心的な役割を果したイギリスの哲学者）の見解にみられるように、特に相対性理論や量子論による知的革命を強調する知識論者たちの間では、やはり常識と科学は相容れないものとみなされ、科学的知識が実在についての真の知識であるとしたら、常識は素朴実在観または謬見であり、否定されなくてはならない、と考えられてきた。ラッセルは言う、「われわれはみんな、〈素朴実在観〉――すなわち、事物はそれらが見える通りのものであるという教義――から出発する。われわれは、草は緑で、石は堅く、そして雪は冷たいと思う。しかし物理学は、草の緑とか石の堅さとか雪の冷たさは、実は、われわれがわれわれ自身の経験において知るような緑色、堅さ、冷たさではなく、それとは非常に違うものである、と教える」[6]。つまり、物理学は常識の素朴実在観から出発するが、しかし物理学は、もし真ならば、素朴実在観が偽であることを教える。「素朴実在観は物理学に到る。そこで物理学は、もし真ならば、素朴実在観が偽であることを明らかにする。ゆえに素朴実在観は、もし真ならば、偽である。よって、それは偽である」[7]。さらにラッセルに言わせると、常識の素朴実在観は偽であるだけではなく、それは「甚だしい迷妄」である。「常識は、それがテーブルを見ているとき、本当にテーブルを見ていると思っている。これは甚だしい迷妄である」[8]。

このように相対性理論や量子論が教えていることは、真の実在の在り方はわれわれの日常経験の対象とは全く異なるものであるということであり、実在の世界は決して常識が考えるようなものではなく、常識の原理によって構成されてはいない、ということである。言いかえると、科学と常識の実在認識は相容れないものであり、したがって科学と常識の実在観は一方が真であれば、必然他方は偽でなければならない。よって、科学が実在に関する真の知識であれば、他方の常識は偽であり、否定されなくてはならない。こうして相対性理論や量子論がもたらした知的革命はきわめて根本的なもので、徹底的な「常識の拒否」を要求するものである、というのである。

しかしこの見方は正しいであろうか。相対性理論や量子論による知的革命の意義を強調することに異論を唱えるつもりはもちろんない。問題は、このような「常識と科学」論が拠って立っている知識観である。その知識観というのは、知識の対象と実在の対象との一致という古くからの教義――デューイの言葉を借りれば、「知識の目的は実在を把握することであり、知識の対象と実在の対象とは同義語であるという教義」――にほかならない。この知識観によると、つまり同一の実在について相異なる、または相反する二つの知識――たとえば科学と常識――が同時に成り立ち、ともに真であるというのは矛盾であり、どちらか一方の知識――科学的知識か常識か――が実在に対応し、実在の対象と一致するものと考えなくてはならない。そこで科学的知識の対象が真の実在の対象であるとしたら、他方の常識知の対象は実在ではなく虚構であり、「甚だしい迷妄」である、と言わなくてはならない。しかしこの知識観は人知の原理――とりわけ常識知の原理、および科学と常識の関係――を正しくとらえていると言えるであろうか。

しかし考えてみると、常識と科学はもともとそれぞれ違う関心と目的をもった人間の違う知的営みであって、「常識か科学か」という二者択一の問題ではないのではないだろうか。言いかえると、常識はそれ自身真理の供給者として科学と覇権を争うものではないはずであり、それはまた、科学と同じく実在そのものの究極的原理や法則を探究する「理論的関心」をもって営まれるものでもないはずである。むしろ常識は、われわれの日常生活におけるもっと直接的な欲求や現実的実際的な関心から生ずる、つまり日常生活のための一種の、いわば「実践知」、「実際知」であり、そしてそういう日常の「実際性の原理[9]」に基づく知として、常識は人間の生活において独自の知的役割と意義を有するものとしてみなしうるのではないだろうか。言いかえると、常識は科学とは違う次元における、いわば「常識世界」(common sense world) の知として、われわれの日常的生活世界の直接的実際的な関心事や問題に関わる積極的な知的営みと考えるのが、至当ではないだろうか。

さて、科学的見地から一方的に常識を誹謗し拒否する「常識と科学」論とは違って、いま述べたように、常識と科学をそれぞれ人間経験の違う次元または世界において、それぞれ異なる関心と目的をもって営まれる知的行為としてとらえ、その観点から常識と科学のそれぞれの認識原理や知的特性について論じている点で注目したいのが、デューイの「常識と科学」論である。

2

「探究」と言うと、通常、科学の所為すなわち科学的探究を意味するものと考えられているが、しかしデューイは、「探究」は科学だけの所為ではなく、日常経験と生活においても、そこで生ずる具体的な問題状況に関わる、つまり日常生活上の諸問題を解決するための、なんらかの「探究」行為が存在する、と考える。そしてそのような日常経験と生活の世界における探究行為を、特に「常識的探究」(common sense inquiry)と呼んでいる。「私は、人間が直接的に関与している環境を常識環境または〈世界〉と呼び、そしてそこで必要な行動上の適応を試みる際に生ずる探究を常識的探究と名づけよう[10]」。このようにデューイは日常生活に必要な「常識的探究」が存在することを重視し、その常識的探究についてさらにつぎのように述べている。「このような相互作用の状況(日常経験と生活の場、常識環境)において生起する諸問題は、結局、個々人が住んでいる世界の、物質的および観念的(あるいは「理念的」)な対象や活動や産物の、使用と享受(use and enjoyment)の問題に帰着するであろう。このような探究は、したがって知識そのものをその目標とする探究とは違うものである。ある事物についての知識の獲得ということはもちろん常識的探究にも含まれている。しかしそれは使用と享受のために生ずるのであって、科学的探究のように知識そのもののためではない[11]」。

つまり常識も一種の知識獲得の営みであり、常識と科学の相違は、科学においては「知ること」がその重要な関心事であるが常識ではそうでない、という点にあるのではない。常識の関心事においても、「知ること」(または「探究」)はやはり必要であり、また重要でもある。しかし常識の場合は、知識の必要性はもっぱら事物の「使用と享受」(use and enjoyment)という直接的実際的関心によるものであり、したがって常識知の内容もそのような「使用と享受」という実際的配慮(practical considerations)によって規定されるものである。科学的探究が知識そのものを目的とし、もっぱら理論的関心と要求によって営まれる探究であるのに対して、一方、常識的探究は事物をどのように使用し享受するかという観点から日常生活の諸問題に関わる探究であり、つまり常識知は顕著に日常的な関心や要求から生ずる実際的な知識なのである。

日常経験において、われわれはたとえば「水」について、それは喉の渇きを癒すものとか、炊事や洗濯や水浴などに使うものというように、水の使用と享受を通して、それをいわば直接的に実際的に認識している。そして水についてのこのような使用と享受に関する日常的知識は、もちろん〈H_2O〉が示す科学的知識とは根本的に違うものである。しかし両者は決して対立し矛盾するものでないことは明らかであろう。われわれの日常生活において必要な水の知識は〈H_2O〉ではなく、水は喉の渇きを癒すもの、炊事や洗濯や水浴などに使うものというように、水のいろいろな使い方についての知識なのである。草は緑で、石は堅く、雪は冷たいというわれわれの日常知は、それらの事象を素粒子に還元して説明する科学的知識とは全く違う。しかしこうした科学的知識と常識の関係は一方が真であれば他方は偽であるというものではなく、その違いは、科学的探究が純粋に理論的関心と目的をもって営まれ、そして科学的知識はもっぱらその理論的関心と目的によって規定されているのに対し、常識的探究の場合は、はじめから事物の直接的使用と享受という実際的関心と要求から生ずるもので、常識知はその実際的関心と要求によって規定される、というところにある。

物質的なものだけでなく、たとえば法律や政治などの社会的諸制度についても、それらに関する常識の領域内の諸問題は、やはりそれらの諸制度の直接的実際的な適用とその享受・受苦（enjoyment-suffering）に関して生ずる問題である。そしてそこで要求される知識も、そのような直接的実際的配慮によって規定されている、と言えるであろう。日常生活における、たとえば法律に対するわれわれの関心は、何よりも日常生活の法的諸用務の直接的処理の問題に向けられており、つまり日常生活において必要な法的諸用務を遂行するために、法律についてどれだけのことを知り、またその知識をどのように具体的に使用するかという、そういう直接実地の見地から、われわれは法律の知識（常識知）を求めるのである。常識はつまり「直接実地の知識」である。

「使用と享受」という言い表わし方は、その相関的な反対観念（たとえば不使用とか、使用の抑制とか、辛抱とか、受苦など）も含めて考えれば、常識的探究の全領域に及ぶ、とデューイは言う。「このようなタイプ（常識）の探究と結論を、〈使用と享受〉という言い表わし方で一般化することについて、多くの説明は要しないと思う。使用と享受は、人間が周りの世界に直接的に関わるときの、その関わり方なのである。食物、住居、保護、防衛などの問題は、環境内の物材をどのように使用するか、同じ集団のメンバーたちや、全体としての他の集団に対してどんな態度をとるか、の問題である。使用はまた、ある目的達成のために、すなわち享受のために行われる。直接使用の範囲をはるかに超えたもの、たとえば夜空の星や死んだ先祖などは、呪術的な使用の対象となり、儀式や伝説のなかでの享受の対象となる。使用をやめるとか、使用を抑制するとか、辛抱とか受苦などのような、つまり使用と享受の相関的な反対観念も含めて考えるならば、常識的探究の領域をすべて覆いうる、と言えるであろう(12)」。

3

われわれは以上で、「常識世界」とその世界に固有の「常識的探究」が存在することを示し、そして常識的探究とは常識世界において必要な行動上の適応を試みる際に生ずる探究、つまり日常生活における事物の直接的な使用と享受に関する諸問題の探究であり、常識的探究によって得られる知識——すなわち、事物の直接的な使用と享受に関する知識——が「常識知」である、ということを見てきた。ところで、事物を使用し享受するということは、事物を「質的に」使用し享受することである。したがって事物の使用と享受によって特色づけられているわれわれの「常識世界」は「顕著に質的な世界」であり、また事物の使用と享受の問題に関わる「常識的思考」

や常識知も顕著に「質的な」思考または知識である、と言うことができる。すなわち、「われわれが直接住んでいる世界、われわれがそこで努力し成功し、そして挫折するその世界は、顕著に質的な世界である。われわれがそのために煩わされ、あるいはそれを享受し、またそのために活動するもろもろの事柄は、質的に規定されたものである。この世界は独特の様式をもった思想の分野を形成するが、ここに独特なと言うのは、思想が質的配慮によって明確に規定されているという意味においてである[13]」。しかしその質的思想または知識を「常識」と呼ぶのが適切かどうかについては躊躇しつつ、デューイは言う、「もしも〈常識〉という言葉が二重の、したがって曖昧な意味に使われることがなければ、常識的思考（common sense thinking）――つまり受苦（suffering）においてであれ、あるいは享受（enjoyment）においてであれ、それらを経る行動とその諸結果に関わる思考――は質的である、と言ってもよいであろう。ところが〈常識〉は受け継がれた伝統を意味するにも使われ、またそれらの伝統を支持する場合にも引き合いに出されるので、まずはただ生活の関心事や問題に含まれる諸事に関わる思想にだけ言及するのが無難である[14]」。

常識世界は顕著に「質的な世界」であり、常識知・常識的思考も「質的」であるということについて述べるまえに、「常識」という言葉の使用についてひとこと付言しておきたい。デューイはいま引用した陳述で、「常識」という言葉は曖昧であるから、この言葉の使用は控えたいと述べており、また別のところでも「常識という言葉は言語の観点からみれば多少任意的である[15]」と断ってもいる。「常識」という言葉は、確かに、本章の冒頭に引用した『哲学事典』の定義にみるように、あるいはこの言葉の日常的な使い方をみても、甚だ多義的であり、デューイが彼の考えている思想の領域に対して「常識」という言葉を使うのを躊躇うのは当然であろう。しかし、一方、もちろんデューイは彼の言う「常識環境」とか、「常識的探究」とか、「常識的思考」の存在を全く任意に想定しているわけではない。ちなみに、デューイ自身も引用しているように、オックスフォードの辞書も、「常識」を「正しい堅実な実践的識見、日常生活の事柄を処理するコツと臨機応変の才を合わせもつ識見[16]」(Good sound practical sense; combined tact and readiness in dealing with the ordinary affairs of life)と定義しているが、ここに〈good sense〉とは普通〈good judgment〉を意味しており、それはすなわち日常生活を営むのに適切な判断力、実践的知性のことを言っているのである。この定義にみるように、通常の意味においても「常識」は明らかにある種の知的営みを意味しているのであり、デューイの言う「常識」や「常識的探究」や「常識的思考」は言語の観点から言っても全く任意的というものではない。このような「常識」または「常識的思考」を言い表わすのに、デューイはそれらの言葉のほかに、たとえば「直接知」(acquaintance knowledge)とか、「実践知」(practical knowledge)とか、「質的思想」(qualitative thought)などの言葉も使っているが、彼によると、要するにわれわれの日常的世界には「ここで指しているような、そういう類の場(situations)が存在し、かつそれらの場が提起する難問や窮境を処理するような一種の探究活動が存在することは疑いえない[17]」。

さて、ここにデューイが指摘しているようなわれわれの日常的活動の場（situations）とそれらの場が提起する諸問題を処理する直接的実践的な常識知や常識的思考が存在することを認めるならば、それらの常識知や常識的思考が「質的なもの」に関わることは容易に理解できるであろう。というのは、常識知や常識的思考はわれわれの日常的世界における諸事物の直接的な使用と享受に関する知識・思考であり、諸事物の直接的な使用と享受に関する知識・思考というのは、諸事物の「質」（qualities）を識別し、それらの質が使用と享受に適しているかどうかを判断する知識・思考だからである。たとえばわれわれが日常ラジオやテレビに関わるのは、直接ラジオを聴いて、あるいはテレビを見て楽しむためであり、つまりラジオやテレビを「質的に」使用し享受するためである。常識においてももちろんラジオやテレビの原理や構造に関する科学的知識は必要である。しかし常識がとり入れる科学的知識は、たとえば電磁波とか、二極真空管や三極真空管とか、電光素子などについて理論的に知りたいという科学的関心から求められるものではなく、それはたとえばラジオやテレビの性能（質的機能）を判断したり、あるいはそれらをうまく操作し利用できるようになるために応用されるものであり、つまりラジオやテレビを「質的に」、より有効に使用し享受するために必要な知識としてとり入れられるのである。すなわち、「この事実（常識が使用と享受の問題に関わるという事実）と常識が質的なものに関わるということとは直接関連している。事物や出来事が使用に適しているかどうか、あるいはそれをどのように利用することができるかを決めるのは――たとえば食べてよいものを、食べてはいけないものから、あるいは有毒なものまたはタブーで食べられないものから区別するのは、質（qualities）を見分けることによってはじめてできることである」[18]。このように常識は使用と享受においてものごとを「質的に」判断し識別する認識行為なのである。事物の使用と享受に関する常識知、常識的思考を顕著に特色づけているのは、つまり事物に対する「質的関与」、「質的配慮」（qualitative concern）である。

要約して言うと、科学と常識の違いは世界に関わるそれぞれの関心または関与の仕方の違いであり、世界に対する科学の純粋に理論的な関心・関与とは違って、常識の関心・関与の仕方は主として世界の諸事物や出来事を直接に質的に使用し享受することである。とすると、科学における真理の基準や理論的観点から常識をはかるのは誤りであり、いわば「カテゴリー誤謬」（category-mistake）をおかすものである。人間の探究・認識行為は、意識的にであれあるいは無意識的にであれ、常にある関心や目的をもって営まれるのであり、その結果得られる知識も、したがってそういう探究・認識行為における関心・関与の仕方による規定を受けるものである。この点について、デューイは特に常識と科学の問題に言及しつつ、こう述べている。「何をなしかつ知るか、また何故それがなされ、かつ知られるかということに関して、常識と科学的営みの特徴を顕著に表わすのはそれぞれの関心または配慮であるが、その関心または配慮こそ、常識と科学という二つの人間の営みにおける認識と実践に固有で、必要な題材を与えるのである。それらの違いはちょうどH_2Oがわれわれの日常飲んだり洗濯に使うあの水と違うようなものである」[19]。

このデューイの「常識と科学」論は、単に常識と科学の相違について述べているだけでなく、それはもっと基本的に、人間のあらゆる探究・認識行為について、その一般的原理を示しているものと言えるであろう。その原理とは、つまりわれわれがどういう探究・認識行為を行い、その結果どのような知識を獲得するかを規定する基本的な要因は、世界に対するわれわれの関心であり関与の仕方である、ということである。

4

「関心」を意味する英語の〔interest〕は〔inter〕（間に）と〔est〕（is＝在る）から成り、すなわち「間に在るもの」、「たがいに離れている二つのものを結ぶもの」という意味である。[20] 関心とは、つまり、われわれ認識主体（knower）と世界（the known）との間にあって、いわば両者を結ぶ「連結帯」（relational bond）として働いているある作用のことを言う。また、〔concern〕（配慮）はもともとは〔discern〕（見分ける）の同義語であったものが、心配、憂慮、または不安の対象の意に変わり、さらに「人が専念するもの」、「人を行動に駆り立てるもの」という意味に転じたものである、[21] と言われる。「関心」、「配慮」とは、すなわち、われわれ認識主体と世界を関係づける作用であり、世界に対するわれわれ認識主体の積極的な「関与」の仕方を意味しているのである。

そこで、われわれの探究・認識行為が常に何らかの「関心」または「配慮」によって営まれるということは、つまりわれわれは実在の世界の出来事を機械がするようにただ受動的に感受し、いわば反映的に一様に認識するのではなく、関心的配慮的に営まれるわれわれの探究・認識行為には常に選択と解釈の過程が含まれている、ということである。すなわち実在の世界の出来事は、われわれの関心的配慮的関与の仕方によって、種々の異なる観点から、さまざまの違う仕方で把握され解釈され認識される、ということである。たとえば科学とか宗教とか神話とか芸術などの人間の種々の営みには、世界に対するそれぞれに固有の関心的配慮的関与の仕方があり、その関心的配慮的関与の仕方の違いによって、世界に関するそれぞれの違った解釈、認識、描写の仕方または様式がある、と言うことができよう。言いかえると、われわれの探究・認識行為は実在の世界へのわれわれの多様な関心的配慮的関与による「実在解釈」の仕方であり、あるいは世界に対する「意味付与」の行為なのである。こうしてわれわれは世界を科学的に、宗教的に、神話的に、芸術的に解釈し認識し描写し、世界に対して科学的意味、宗教的意味、神話的意味、芸術的意味を付与するのである（たとえば水は、H_2O分子式で説明される科学的対象ともなれば、日常的な直接的使用と享受の対象ともなり、あるいは古来、水は聖なる力が備わっているものとして水神信仰や祓浄信仰の対象となっており、あるいはたとえばキリスト教の清めと入信の儀式である洗礼の儀礼にみるような宗教的使用の対象ともなる）。

このように考えれば、デューイが言うように、科学的真理も「意味の一類」（one class of

meanings）に過ぎない。すなわち、「意味は真理よりも貴重であり、その範囲も真理よりいっそう広い。そして哲学は真理によりもむしろ意味に関わる」[22]。「意味はより広大なカテゴリーであり、真理は意味の一類に過ぎない。つまり、真理はその結果による検証可能の主張がその本質的な面となっている意味である」[23]。科学には科学の関心と目的があり、そして科学的諸概念や理論は科学固有の関心と目的に応じた実在解釈、すなわち科学的意味の体系である。同じように考えれば、常識にも常識の関心と目的があり、つまり世界に対する日常生活上の関心的配慮的関与の仕方があって、常識知はその日常的な関心的配慮的関与による実在解釈、または世界への意味付与の仕方である、と言うことができるであろう。こうして科学的真理が「その結果による検証可能の主張がその本質的な面となっている意味」であるのに対し、常識は「直接的現実的応用に関して決定される意味」[24]である。このように科学と常識の違いは意味の違いなのであり、一方が真であれば他方は偽であるというように、互いに矛盾するものではない。

大森氏は言う、「滔々と流れる水や、森をざわめき渡る風を〈心ある生き物〉として理解することは現代の目から見ても何の間違いでもない……現代科学に照らしても間違ってはいない……なるほど現代人は流れる水を H_2O 分子の集まりとして、〈生き物〉ではなく死物として理解する。しかしそれにもかかわらずそれを〈生き物〉として理解することもできるのである。代謝や生殖を条件として〈生き物〉を定義するのは現代人の勝手である。同様にごうごうと泡立ち流れ波立ち騒ぐ水の流れを〈生き物〉とするのは彼らの勝手である。ましてやそれを生き物と感じるのは彼らの自由である。現代科学の定義と感覚での〈生物〉と、彼らの定義と感覚での〈生き物〉とが一致しないのは、イギリス人の青と日本人の青とが違い、ソビエト人の民主主義とアメリカ人の民主主義とが違う、その違い方なのである。つまり、その違いは単に意味の違いであって、一方が正しく他方が誤りだというのではなく、また相互に矛盾するということではない」(25)。大森氏によると、自然の事象を擬人的に理解するアニミスティックな自然観や、呪術的思考や、神話的な世界描写などの「略画的世界観」を、現代科学の「密画的世界観」から見て、無知蒙昧であるとか誤謬であると考えるのは間違いであり、現代科学の「密画的世界観にとって、略画的世界観・略画的思考は不用なもの余計なものである、というだけのことである。科学的な密画的世界観と野性の略画的世界観は、世界に対する理解の仕方の違いであり、意味の違いであって、互いに矛盾するものではない。そして同じことは、科学と常識の違いについても言えるであろう。

5

このように科学と常識の違いが意味の違いであるとしたら、その違いは結局は言語の違いである、と言うことができるであろう。デューイによると、すなわち、「常識と科学の間に存する相違は論理的な問題であるよりもむしろ社会的なものである。もしも〈言語〉という言葉が単に形式的にではなく、本質的な意味内容を包摂するものとして解されるならば、その違いは言語の違いである」。[26]

日常的世界にはその世界特有の意味やコミュニケイションが存在し、そこではいわゆる「日常言語」がその役割をつとめ、その目的に仕えている。一方、科学には科学の要請と目的に仕える「科学言語」がある。日常言語では、たとえば机について、その堅さや形や色などを表現する言葉とか、あるいは「学校用」とか「事務用」などという、その用途を意味する言葉が使われるが、それらの「質的言表」(qualitative expressions)は、たとえば物理学の用語としては全く不適当で役に立たないことは言うまでもない。しかしそれらの日常用語が、科学の言葉としては不適当で役に立たないとしても、日常的世界ではもちろん、机は依然その堅さや形や色やいろいろな用途をもって存在しているのであり、日常的世界において机がもっているそれらの意味はもちろん誤ってはいない。鉛筆は「字を書くためのもの」、眼鏡は「よく見えるように使うもの」、電話は「通話のためのもの」というのは、それらの事物の質的な使用と享受に関する知識であり、そしてそれらの「質的言表」は日常生活の用途に適しているのである。

われわれの日常の言葉は確かに曖昧で不正確で体系性を欠いており、一方、科学言語はより明確に定義され、より厳密に体系立てられた、洗練された言語である。しかしこの違いは日常言語と科学言語の用途の違いによるものであって、それは決して日常言語が科学言語よりも劣っていることを意味するものではなく、まして、曖昧な日常言語は厳密な科学言語によって置きかえられなくてはならないということを意味するものではない。むしろH・S・サイヤーが言うように、

「一つの脈絡で使用される言語、つまり特にその脈絡固有の題材や問題をとり扱うために発展せられた言語が、他の脈絡にまで不当にもち込まれて、そこで無理に用いられるとしたら、そのために生ずる結果は異様であり、しばしば滑稽である」。たとえば「恋をしている人に、彼女の恋人の〈真の〉実在は〈互いに空間を隔てて急速に運動しているエレクトロンやプロトンの一組織体〉にすぎないなどと教えてやるのは、言葉の使用を間違えていることであり、ちっとも啓発的ではない(27)」のである。

W・ニールも言うように、日常言語と科学言語を明確に区別して考えれば、常識と科学が互いに矛盾するものでないことは容易に分かるであろう。ニールは、日常的世界におけるたとえば机や椅子などのような直接知覚できる対象――「知覚的対象」――を言い表わす言葉を「知覚的対象用語法」(perceptual object terminology) と呼び、一方、科学における分子のような直接知覚できない、「超越的対象」を言い表わす言葉を「超越的対象用語法」(transcendent object terminology) と称して、常識の用語法と科学の用語法を区別している。そしてそのうえで、ニールはつぎのように言う、「こういう言い方は科学者たちの間で普通に行われているというものではないが、しかしわたくしは、超越的対象用語法は真に全く新しい言語であって、知覚的対象用語法に単に追加されたものではない、ということを示したいと思う。この二つの用語法の表現を混ぜ合わせようとすると、われわれは重大な混乱に陥るであろう。たとえば〈机〉という言葉は、ある文脈では〈分子の集り〉という表現に翻訳するのは全く正しいけれども、しかしわたくしはいま分子の集りを見ていると言うとしたら、それは馬鹿げている。この種の混同の有名な例は、アーサー・エディングトン卿の『物理的世界の本性』という本の最初の文章に見られる。彼は、そこで二つの用語法を明確に区別して語るかわりに、二つの机について、つまり一つは堅い知覚的対象、もう一つは……たくさんの空の空間からなる科学的対象、という二つの机について語っているのである。この謎めいた語り方は、机が知覚的対象用語法で堅いと言われるときには、〈堅い〉という言葉は適切に、すなわち知覚的対象用語法の言葉として理解されなくてはならない、ということを確認すれば、直ちに解消する。そうすると、一般の人の主張と物理学者の主張の間には何ら不整合はない(28)」。

われわれがこの章の冒頭に引用したブリッジマンやラッセルの常識拒否の見方も、知覚的対象用語法と超越的対象用語法の混同によるものである、と言えるであろう。「極微の領域における事象について、それらを日常経験の対象を考える場合と同じ仕方で考えようとすると、〈論理的矛盾〉に陥る」から、常識は拒否されなくてはならない、というブリッジマンの間違った常識観は、知覚的対象用語法と超越的対象用語法を明確に区別して考えれば、直ちに解消する。「草は緑で、石は堅く、雪は白い」という知覚的対象用語法が、素粒子論の超越的対象用語法とは違うという理由から、常識を「甚だしい迷妄」と考えるラッセルの見方も、それこそ「甚だしい迷妄」と言わなくてはならないであろう。

あとがき

本章は、一九六四年に日本デューイ学会紀要（第五号）に発表した拙論「デューイの探究思想について――彼の〈常識と科学〉論を中心に」をもとにし、さらに一九八八年の日本人工知能学会全国大会で行われたパネル討論「常識とは何か」（『人工知能学会誌』Vol.4, No.2, 1989）における拙論も加えて、書き改めたものである。二十数年まえに、デューイの「常識と科学」論に接して、常識知の問題に関心をもち、いわば常識の知識論のようなものを考えていたこともあるが、しかしそれは一時的な着想に終わり、じらい長い間常識の問題について考えたことはなかった。わたくしが再び常識の問題に関心をもつようになったのは、最近の人工知能研究の影響によるものであり、特にいま述べた一九八八年の日本人工知能学会におけるパネル討論に参加する機会を得てからである。人工知能研究では常識知のコンピュータ化を考えているようであるが、わたくしは人工知能の分野で常識がどのように考えられているかはよく知らない。しかし常識知ははたして人工知能化できるのかどうか、あるいはどこまで人工知能化できるのか、常識知の人工知能化にはどんな困難があるのか、そういうふうにいわば逆照射的に考えてみると、常識または常識知について、さらにいろいろな問題がみえてくるのではないかと思う。しかしそれはつぎの課題にしたい。

（1）『哲学事典』（平凡社、昭和四十六年）、七一〇頁。

（2）「常識と科学」について、デューイは主として彼の『論理学——探究の理論』（*Logic: The Theory of Inquiry*, 1938）の第四章（Common Sense and Scientific Inquiry）および『知ることと知られるもの』（*knowing and the known*, 1949）の第十章（Common Sense and Science）で論じている。しかし「常識」という言葉こそ使ってはいないが、たとえば『哲学と文明』（*Philosophy and Civilization*, 1931）における「質的思想」（qualitative thought）論なども常識的思考について論じたものであり、デューイの知識論ではかなり以前から常識の問題がとり上げられてきている。

（3）P.W. Bridgman, *Reflections of a Physicist* (Philosophical Library Inc., New York, 1955), p.138.

（4）*Ibid.*, p.139.

（5）*Ibid.*

（6）Bertrand Russell, *An Inquiry into Meaning and Truth* (Penguin Books, Maryland, 1962), p.14.

（7）*Ibid.*

（8）Bertrand Russell, *The ABC of Relativity* (Harper & Brothers, New York and London, 1925), p.212.

（9）中村雄二郎著『共通感覚論』（岩波現代叢書、一九七九年）、二〇頁。この書は、常識について論じた哲学書がきわめて少ないなかで、「常識」という知の領域を特に重視し、常識の知の仕組みや原理を解明することによって、そこから「知の組みかえ」を考えている点で、特に注目したい書である。本稿では、特にデューイの「常識と科学」論に学びつつ常識知について論じているので、中村氏のこの書から直接引用することはできなかったが、常識知について、さらには人知の基本的な仕組みや原理について考えたい者には、この書を精読するようにお薦めしたい。

(10) John Dewey, *Logic: The Theory of Inquiry* (Henry Holt and Company, 1938), p.60.
(11) *Ibid.*, pp.60〜61.
(12) *Ibid.*, p.63.
(13) John Dewey, *Philosophy and Civilization* (Minton, Balch & Company, 1931), p.93.
(14) *Ibid.*
(15) Dewey, *Logic*, p.61.
(16) *Ibid.*
(17) *Ibid.*
(18) *Ibid.*, pp.63〜64.
(19) J.Dewey and A.Bentley, *Knowing and the Known*, (The Beacon Press, Boston 1946), p.281.
(20) Dewey, *Democracy and Education* (The Macmillan Company, New York, 1916), p.149.
(21) Dewey and Bentley, *Knowing and the Known*, p.275.
(22) Dewey, *Philosophy and Civilization*, p.4.
(23) *Ibid.*, p.5.
(24) Dewey, *Logic*, p.65.

（25）大森荘蔵著『知識と学問の構造』（旺文社、一九八三年）、一八頁。

（26）Dewey, *Logic*, p.77.

（27）H.S.Thayer, *The Logic of Pragmatism* (The Humanities Press, New York, 1952), p.36.

（28）William Kneale, *Probability and Induction* (Oxford University Press, London, 1949), pp.95〜96.

科学的思考の究極の熟達が「ひらめき」を生む——新装版に寄せて

今井むつみ（慶應義塾大学環境情報学部教授）

私は、人間の子どもの語彙と概念の発達過程を研究している。子どもがことばの意味を覚えられるのは、「大人が教えたことを子どもが暗記するから」と考えている大人は多い。しかし、子どもにわかるようにことばの意味を教えることはほぼ不可能である。「ウサギ」の意味を、語彙をほとんどもたない子どもにいったいどのように教えることができるのか。「白くて、耳が長い、赤い目をして、毛が白くて、やわらかい動物」と言うかもしれない。しかし、「ウサギ」を知らない子どもは「赤い」「白い」「やわらかい」「動物」ということばは知らない可能性が高く、説明を理解できないだろう。

しかも、ことばが指す一つの対象がわかるだけではそのことばを「わかった」ことにならない。「ウサギ」という音の塊を目の前のウサギに結びつけることができても、他のどの対象に「ウサギ」が使えて、どの対象には使えないかがわからないと「ウサギ」ということばを他の状況で使うことができない。

これは、アメリカの哲学者W・V・O・クワインが「ガヴァガーイ」という新造語を例に出して指摘したために、「ガヴァガーイ問題」として広く知られている、「一般化の問題」である。(1) ことばが指し示す対象の一事例をある状況で観察しても、そのことばが状況のどこに対応するのか、さらに、その状況以外のどのような事例にそのことばが使えるのか。子どもは新しいことばを聞くたびにこの問題に直面する。

これが非常に難しい問題であることは、幼児の発話における言い間違いからすぐにわかる。例えば、人差し指を擦りむいた子供が「イチが痛い」と言った。大人は人差し指を立てて「イチ(1)」とよく言うから、「イチ」は人差し指のことだと思ったのだ。別の子どもは、お風呂で、湯船に入るときも出るときも「入る」という。湯船をまたぐことを「入る」と言うと誤解したのである。(2)

子どもはことばが使われた状況を観察し、ことばが指す対象を推測するしかない。そしてそれを他のどの状況に使えるのか(あるいは使えないのか)を判断しなければならない。認知発達心理学の界隈では、すべての子どもが直面するこの問題は、一事例から一般化をするという、論理的には正解がない「帰納推論の問題」とされていた。(3)

では、子どもはどうしてことばの意味の可能性を狭めて、ことばの意味を推論することができるのだろうか？　米盛裕二氏の『アブダクション――仮説と発見の論理』は、この問題に、とても重要な示唆を与えてくれる。論理的には解決不可能な「一般化の問題（ガヴァガーイ問題）」にもかかわらず、子どもが一事例から意味を推論することができるのは、帰納推論ではなく、アブダクション推論の力があるからなのである。

人間の子どもがことばを覚える以前からもっている能力の一つに、「似ている」を検出する力がある。子どもは実に様々な「似ている」に気づく。絵本の中で満月と三日月の両方に「お月さま」ということばを聞いた一歳児は、丸い時計も、レモンスライスも、牛の角も、さやえんどうのさやも、光があたってキラキラしている葉っぱも、クロワッサンもみな「おつきさま」と呼んだ。黄色いもの、光るもの、三日月形のもの、まるいもの……様々な特徴の「似ている」に気づき、どれかの特徴が似ている対象すべてに「お月さま」を一般化したのである。

ことばを話し始めたばかりの子どもは、このような「過剰一般化」と呼ばれる間違いを犯す。しかし、しばらくするとそのような間違いはぐっと少なくなり、形の類似性のみに注目して覚えたばかりのことばを拡張するようになる。数ヵ月の間、いくつかのことばを覚えて過剰一般化を繰り返しながら、ことばを一般化するときの「類似」は、全体的な印象の類似や、自分が見つけたすべての「似ている」でもなくて、「対象の全体の形が似ている」のだということに気づくのだ。[4]この気づきは一種の「洞察（insight）」であり、パースの「アブダクション的示唆」なのだと考えられる。帰納推論によるパターンの抽出だけでは語彙の習得は達成できない。

本書を通して展開されている帰納推論とアブダクションの違いの説明が非常に明快で、深い示唆を与えられた。帰納推論は、我々が事例の中に観察したものと類似の現象の存在を推論する。支えられていない物体は落下するという事例から一般化を行い、同じことはまだ観察されていない他のあらゆる物体についても言えると推論する。しかし支えられていない物体が落下するという事実をどれだけ多く観察してみても、あるいはそれらの観察された事実をどれだけ緻密に分析してみても、それらの事実の中に「重力」というものを見ることはできない。それに対してアブダクションは、現象のメカニズム、特にその原因の説明をしようとする。そのとき、直接観察したものとは違う種類の何者か、そしてわれわれにとってしばしば直接には観察不可能な何者かを仮定する。万有引力の法則はアブダクションから導かれたものであり、帰納推論からは生まれない。

米盛氏は、アブダクションは、単なるあてずっぽうな推測ではなく、それはある明確な理由または根拠に基づいて、仮説を提案する推論だと解説している。では、アブダクション推論は、科学者の専売特許なのだろうか？　そうではないと私は思う。例えば、子どもは、動物やコップなどの個別性がある対象（object）につけられたことばを一般化するときには、対象の全体の形の類似性に着目するが、砂や粘土のように個別性がない対象（substance）につけられた名詞は、一形ではなく、物質の同一性に着目して一般化をすることができる。動物につけられた名詞は、一般化せず、固有名詞として解釈することもするが、人工物につけられた名詞は固有名詞とは思わない。コップやボールのような人工物には固有名詞がつけられないことをすでにどこかで（別のアブダクション推論により）知っていて、初めて聞いた名詞に対して、それらの知識を統合して、もっとも蓋然性が高い意味を推論するのだ。このような推論の連鎖によってもっとも蓋然性が高い意味の解釈をすることは、まさに科学者が仮説を考えるときのアブダクションと軌を一にする推論なのである。

米盛氏は、帰納は経験を重ねる過程の中で規則（習慣）を形成するものだが、アブダクションは、例えば種々の楽器の音からそれらの音そのものとはまったく違う調和的な音楽的情態を生み出す様に、経験の諸要素を結合統一し、まったく新しい観念を生み出す、とも述べている。これもまた、子どもが日常的にしていることの中に見出すことができる。

赤ちゃんの言い間違いのデータベース(5)にこのようなものがあった。

姪っ子が三〜四歳の頃、だんだんお絵描きも上手になってきて、よく好んで動物の絵を描いていました。ある日、鉛筆で書いたウサギ、パンダ、ライオン、トラなど数匹の動物の絵を得意げに見せてきて、「これは〝にしょく〟で描いたから、次は〝さんしょく〟で描くんだー」と言いました。私は「(鉛筆書きのモノクロの絵を、白黒二色と表現するなんてなかなかの感性だな、やるやん！)」なんて思いつつも、「なんで三色？　上手に描けてるから次はもっとたくさんの色を使ったら？」と返しました。すると、姪っ子はハテナ顔を向けてきて、「だって、〝さんしょく〟しかないんだよ！」と言った。「色鉛筆なくしたの？」とハテナ顔をした私に、姪っ子は、あきれた様子で、「(見せてくれた)この絵は、〝にくしょく〟と〝そうしょく〟を描いたの。でも動物には〝ざっしょく〟もいるんでしょ? つぎは、〝ざっしょく〟も描くの。だから〝さんしょく〟なんだよ」と説明してくれました。

これまでの経験で、数字の後には何かのことばが必要だと知った。別の状況では、動物には肉食、草食、雑食の動物がいることを知った。これらの、ふつうだったら結びつかない、一見関係がない知識を結びつけ、「三食(サンショク)」という、実際には存在しない助数詞を新たに作り出したのである。

パースは科学者たちの心に突然生じるひらめきを「アブダクティブな示唆」または「洞察」の働きと呼び、科学的仮説を発案し発見へと導く重要なきっかけになるとしている。これと同じような推論を、ことばを学習する途上にある乳幼児がするのは、まさに、パースが言う、アブダクティブな示唆はそれ自体が人間の本来的にもつ、自然な心の働きであるということを示している。人間は生まれながらにアブダクションをする生き物で、アブダクションがもっとも自然な推論形式なのだ。

しかし、パースは科学的仮説を形成するのにこの本能的な洞察力だけで十分だと考えてはいない。科学者たちはたまたま閃いて心に思い浮かぶ仮説を吟味もせずに直ちに採択することはしない。米盛氏によれば、パースは、仮説を形成するということは、つまり正しい仮説を形成しようとする明確な意図のもとに行われる「意識的で、熟慮的で、自発的で、かつ統制された行為」であるとして、アブダクションによる仮説の形成は、二つの段階を踏まえて行われると主張した。

①最初にいろいろな仮説を思いつく示唆的（洞察的）段階
②その中からもっとも正しいと思われる仮説を選ぶ熟慮的な推論の段階

もちろん、乳幼児の推論には段階②はない。興味深いことに、私が専門分野として身を置く認知科学では、アブダクションは、むしろ日常的に人が行う、「非論理的な推論全般」として、カジュアルで、ルーズな推論と考えられている。認知心理学では、人間は（子どものみならず成人でも）、いわゆる演繹の論理推論は苦手であることが常識となっている。大人でも、①は常に行うが、②は行わない（できない）ことが多い。②は長年の科学研究の実施と訓練によって身につくものだ。しかし、その前提となる①をヒトは乳幼児のときからもっているというのは、人間の思考の本質を考える上で重要である。

科学哲学において、世紀の大発見を生んだ科学者のひらめきは「幸運な推測」によるもので、「非合理的要素」として重視されなかったと本書で述べられていたことに驚いた。しかし、米盛氏は、それに対して、第二章で次のように述べている。

科学的活動の核心ともいうべき発見の問題を「幸運な推測」とか「非合理的要素」とか「創造的直観」という得体の知れないものの所為にして、一顧をも与えずに片づけてしまってよいものでしょうか。（中略）科学的仮説を発案するための論理的規則というものは存在しないでしょう。しかしだからといって、科学的発見は非合理的な行為であり、運まかせの所為である、ということにはならないでしょう。ケプラーやニュートン、あるいはアインシュタインらの偉大な発見がたんなる「幸運な推測」によるものであり、何ら熟慮的な思惟または推論を要しなかったというのはとても考え難いことです。たとえばケプラーの場合、かれはティコ・ブラーエの観察データを整理するのにおよそ二十年を費やしたといわれます。このように長期にわたって、ケプラーはブラーエの観察データにもとづいて惑星の運動について思索を重ね、（中略）その観察データを説明するために、それらの観察結果から、それらの観察結果をもたらしたいわばその原因である惑星の運動へと遡及的推論を繰り返し行い、なんども仮説を立てたり立て直したりしながら、かれの三法則の発見を成し遂げているのです。

人間の熟達の過程を実証的に探究する認知科学では、世紀の大発見をもたらしたケプラーの「ひらめき」がどのように生まれたかという問いは、人間の学習、熟達の本質を理解するうえで、もっとも重要で、根源的なものである。科学の探究において、段階②の仮説の検証は、科学的思考の訓練をしっかりした科学者なら、比較的だれでも行うことができる。しかし、本書の第五章で指摘されるように、まず①の「ひらめき」が生まれなければ、探究は始まらないのである。そして、世紀の大発見につながる「ひらめき」にたどりついた科学者は、科学史上で、数えるほどしか存在しない。

ひらめきの背後には、長い年月をかけた弛まぬ精進と探究の努力がある。努力の結果として、人は優れた直観をもち、ひらめきを生むことができるようになるのである。仮説のひらめきは、「幸運な推測」どころか、長年の血のにじむような努力と修練があって初めて生まれる。科学者の「ひらめき」は科学的思考の究極の熟達から生まれるものなのである。

子どもや一般成人でも、科学のアブダクションの基盤になるような、一見関係ないような遠い知識を組み合わせて新しい概念をつくったり、比喩で概念を拡張したり、時間を遡って、つねに「なぜ」と問い、説明を求める性質をもつ。その性質は、科学者のそれにつながっている。人間のデフォルトの思考形態は演繹でも帰納でもなく、アブダクションなのだ。子ども・一般人と科学者の違いは、②の、知識の量と仮説を検証するための実験の組み立て方、データの吟味のしかたにある。つまり科学者の思考は、子どもや一般成人の連続線上にある。違うのは、当該分野の豊かな知識と論証のしかたの訓練がもたらすアブダクション推論の精度の違いなのである。

現在、ＡＩが社会を席巻している。チェス、将棋、囲碁などのメンタル・ゲームでは人を追い越してしまった。ChatGPTをはじめとした生成ＡＩは、巧みに言語を操り、テキストの要約や、他言語への翻訳は、数年前と比べ物にならないほどの進歩を遂げ、実用レベルを越したと言ってもよいかもしれない。プログラミングや統計も得意で、プロたちがこぞって仕事の効率化のために使っている。人間を雇用するよりも安価で、何時間働かせても文句を言わない。では、ＡＩは人間と同じ思考をするのだろうか？　ＡＩがあれば科学者はもはや必要ないのだろうか？

ＡＩはアブダクション推論をしない。うまく指示を与えれば、あたかもアブダクション推論をしているかのような出力はするかもしれない。例えば、人間には計算不可能な多次元での「類似性」を計算することがＡＩにはできる。しかし、ＡＩができることは、「帰納」であって、アブダクションではない。数値で示される「類似性」は人間が意味付けをし、解釈を与えなければ、何の役にも立たない。その意味でＡＩには「仮説の発見」はできないのだ。第七章で米盛氏は、帰納的飛躍は、ある分野の事実から、同じ分野の同種の事実を推論する飛躍をするものだが、アブダクションの飛躍は、一つの種類の事実から別の種類の事実を推論する飛躍であり、それは「我々の観察の限界をはるかに超える」飛躍だ、と述べている。先ほど述べた「さんしょく」の言い間違いのように、人間は子どものときから、それぞれ別のときにした学習から得た遠い分野の知識をひらめきで組み合わせて、新たな知識を創造している。[(6)] 対して、ＡＩは、異種の事実（あるいは知識）を組み合わせて、新たな知識を創造することはしない。「直観」ももたない。呼吸をするように自然にアブダクションをする人間と、アブダクションをしない（できない）ＡＩ。その点において、ＡＩと人間の間の思考スタイルには、根本的な断絶が存在するのである。

米盛氏が指摘するように、アブダクションは、帰納推論よりもいっそう誤りを冒す可能性の高い「弱い推論」だ。しかし、この「弱い推論」が、人類の文化や科学技術の進化を推進してきたのだ。

（1）W. V. O. Quine（1960）. *Word and Object*. MIT Press（邦訳：『ことばと対象』大出晁・宮館恵訳、勁草書房、一九八四年）。
（2）YouTube番組「ゆる言語学ラジオ」が募集した子どもの言い間違いエピソード集より。
（3）Ellen M. Markman（1991）. *Categorization and Naming in Children: Problems of Induction*. MIT Press.
（4）今井むつみ『ことばの発達の謎を解く』筑摩プリマー新書、二〇一六年。
（5）YouTube番組「ゆる言語学ラジオ」が集めた赤ちゃん言い間違い集。
（6）この議論に関しては、今井むつみ・秋田喜美『言語の本質——ことばはどう生まれ、進化したか』（中公新書、二〇二三年）をお読みいただければ幸いである。

索　引

ア　行

カ　行

サ　行

マ　行

ラ　行

（注：著者病気療養中のため索引は本社担当者が作成しました。）

著者略歴

1932年　沖縄県に生まれる
1955年　琉球大学卒業
1960年　オハイオ州立大学大学院博士課程修了、Ph.D.
1964-65年　ミシガン州立大学招聘教授
1972-73年　ハーバード大学哲学科客員研究員
2008年　逝去
　琉球大学名誉教授
著　書　『パースの記号学』(勁草書房、1981年)
　『世紀末から新世紀末へ』(共著、筑摩書房、1990年)
　『言語論的転回』(共著、岩波講座『現代思想』第4巻、岩波書店、1993年) ほか
訳　著　『現象学』(パース著作集1、勁草書房、1990年) ほか

新装版　アブダクション　仮説と発見の論理

2007年9月20日　第1版第1刷発行
2024年9月27日　新装版第1刷発行
2025年7月20日　新装版第5刷発行

著　者　米《よね》盛《もり》裕《ゆう》二《じ》

発行者　井　村　寿　人

発行所　株式会社　勁《けい》草《そう》書　房

112-0005　東京都文京区水道2-1-1　振替　00150-2-175253
(編集) 電話　03-3815-5277／FAX　03-3814-6968
(営業) 電話　03-3814-6861／FAX　03-3814-6854
理想社・松岳社

ISBN978-4-326-15489-0　　Printed in Japan